●本の未来を考える=出版メディアパル No.36

出版史研究へのアプローチ
雑誌・書物・新聞をめぐる5章
日本出版学会関西部会 編

mediapal
出版メディアパル

〈謝　辞〉

　本書は、日本出版学会関西部会による例会企画「出版史研究の手法を討議する」および日本出版学会ホームページ上での連載「特別報告：出版史研究の手法を討議する」が元になっています。

　本書出版を快諾いただいた日本出版学会理事会のみなさま、そして、この企画に賛同くださり、書籍化の提案と出版にご尽力いただいた出版メディアパルの下村昭夫氏に感謝申しあげます。ありがとうございました。

2019年5月　日本出版学会関西部会　執筆者一同

推薦の言葉
『出版史研究へのアプローチ』への讃歌

このたび日本出版学会関西部会が編者となって、出版史研究の方法論に関する本書が上梓される運びとなった。多様な研究領域を内包し、また学際的な研究である出版研究の中でも、出版史研究は蓄積の厚い領域である。

本学会においても1992年の部会制度が導入されたときに、出版史研究に関心を寄せる会員が「歴史部会」を設立している。さらに研究発表の場として、1995年に『日本出版史料』を創刊し、2005年の10号まで刊行した。歴史部会の前史としては、「出版資料研究会」が80年代に活動をしていた。歴史部会は、「出版史研究部会」として現在も活動を続けている。

本書は、このような本学会の出版史研究の中心軸上に位置するものであり、これまでの研究活動に参加し、学んだ研究者らが集い、編んだものである。本書が刊行された経緯と目的については、中村会員の「出版史研究を始めるみなさんへ」に譲るとして、本書刊行の意義について、補足しておくことにする。

500年以上の長い間、文字情報を流通させるメディアは紙であった。しかし、近年のインターネットとデジタル技術によるメディアの変容は、グーテンベルクによる金属活字印刷の発明に匹敵する、あるいはそれを凌駕するとまでいわれ、出版を含むメディア研究の対象も分析手法も理論も大きな変革期にある。

このため出版研究の対象は、今日に至るまで蓄積されてきた活字遺産や文字情報のデジタルアーカイブズ、ネット流通、ディスプレイ表示、さらにはデジタルファーストで生み出されている膨大な文字情報まで広がっている。デジタル技術は、古典籍の分析、発見、デジタルアーカイブズの構築などにも利用され、出版研究の手法を大幅に向上させている。

筆者は日ごろから学生に「紙の本を読む力」と「デジタル・リテラシー」の二刀流のマスターの重要さを説いている。この状況は、出版史研究でも同様で、紙の本とデジタルの二刀流で研究対象に迫っていくことが必要となっている。本書は、豊富な実例を交えた〈二刀流〉の研究方法が紹介されており、いまの時代にふさわしい出版史研究の入門書といえよう。

本書が、出版史研究の面白さ、重要性に気づくきっかけを提供し、また、次の世代に研究のバトンを渡していく役割を担うであろうことを期待してやまない。

2019年4月

日本出版学会会長　植村　八潮

■ はじめに

はじめに
出版史研究を始めるみなさんへ

　本書は、日本出版学会に属する5人の若手研究者によって編まれた出版史研究の入門書である。この本を手に取ったあなたが「出版史研究」と聞いて、書物や出版社の歴史を調べる研究というイメージを持つのであれば、こんな場面を想像してみてほしい。実は、もっと広い研究対象を扱っている。

　あなたは、国文学を専攻している。卒論を書くために、昭和初期の作品Aをテーマにした。作品Aは、現在、単行本として存在しているが、初出は『B』という雑誌に連載されていた。そこで、連載当時の文章を見るため雑誌『B』を大学図書館で探した。すると次のようなことが分かった。雑誌連載は中断し、未完で終わった。その後、単行本化される際に、作者が加筆し作品Aは完結したのだった。作品Aを理解するためには、連載していた雑誌『B』とそれらを取り巻く当時の世相や出版環境を理解することが必要となってくる。しかし、どのようにアプローチすればよいのか分からない。あなたは、調査が行き詰ってしまった。

　こういう場合も想定してみよう。近年、大学のレポートや卒論で、アニメ、マンガ、アイドル、ライトノベルなどポップカルチャーをテーマとして取り上げることが増えてきている。そのときに、最近のことはウェブで調べられるかもしれないが、ジャンル成立から発展へといたる歴史的な流れを知るためには、様々な史・資料を読みこまないと考察ができない。さらに、作品は出版物も含めた他のメディア（映画、テレビ、ゲーム）まで展開していることが多い。しかし、そのような事例を集めても、考察する方法が分からない。

　出版史研究は、このような事例に対処するために有効である。私は、出版史研究は、出版物とその取り巻く環境を、歴史的にアプローチ・研究していく学問領域と考えている。具体的に述べるならば、出版物を構成する活字・紙型など出版物の物的側面の研究、印刷や校正、流通など出版産業に関する研究、あるテーマが各出版物で

はじめに

どのように表現されていたかを分析する研究まで、幅広く捉えられる。出版史研究は、書誌学、図書館情報学、社会学、国文学、歴史学...を複合的に扱う研究領域といえる。そう考えると、いろいろな研究テーマが関係してくる身近な研究分野に思えてくるのではないだろうか。

　本書は、主に近・現代の雑誌・書物・新聞を使った研究方法を理解するために、明治期の書物・出版、雑誌研究、アイドル、ライトノベル、読者というテーマを取り上げた。この分野に詳しい方なら、長い出版メディアの歴史において、なぜこの時間軸と5つのテーマを選んだのか、という疑問を抱かれるだろう。それにこたえるために、本書誕生の経緯について触れたい。

　出版史研究における議論の基盤となる研究手法の情報共有化を目的に、2014年3月、関西・名古屋に在住していた若手研究者が集まり「出版史研究の手法を討議する」というテーマの研究例会を始めた。詳細は巻末に譲るが、研究会、ワークショップ、シンポジウムを行い、その内容を連載という形で日本出版学会ウェブ上（http://www.shuppan.jp/bukai13.html）にアップした。この連載の中の5編が、今回の本書のテーマとなった。書籍化にあわせて、各担当者は全面的に書き直した。議論から書籍化の過程を経て、各人の手法が方法として、研究者間で共有化されていくことを望んでいる。

　本書の構成であるが、基本的な雑誌研究の方法から始まり、より専門的な分析方法へと進んでいく。内容としては、第1章から第3章は雑誌研究、第4章と第5章は、出版史研究の重要な視点である読者論と書物論だ。各章で重複して触れている研究方法は、一般的なものと考えてよいだろう。また、わかりやすく理解してもらうために、目次と索引に多くのキーワードを挙げた。

　出版史研究の成果は、今、この瞬間も生み出されている。興味をもったら、さらに多くの研究成果に目を通してほしい。

2019年5月

日本出版学会関西部会
中村　健

目 次

◆推薦の言葉 『出版史研究へのアプローチ』への讃歌（植村 八潮）……… 3

◆はじめに 出版史研究を始めるみなさんへ（中村 健）……………… 4

第1章 戦前の週刊誌と連載小説（中村 健）…………………… 9
第1節 雑誌にアプローチするための6つのポイント ……………… 10
　　　 ―創刊情報・創刊月・刊行頻度・判型・発行元・読者層―
第2節 小説・記事の書誌事項を調べる ………………………… 17
　　　 ―雑誌の所蔵情報、目次情報の活用―
第3節 分析の手法 …………………………………………… 22
　　　 ―出版事項、量的分析―
第4節 研究手法の展開 ……………………………………… 27
　　　 ―図像分析、出版学―
◇参考文献案内 ……………………………………………… 30
◇Column 週刊誌の歴史 …………………………………… 32

第2章 「アイドル」をめぐる雑誌分析の実践と展望（田島 悠来）……… 33
第1節 なぜ「アイドルと出版」なのか ………………………… 34
　　　 ―アイドル関連雑誌の可能性―
第2節 雑誌を研究する際の準備 ……………………………… 38
　　　 ―何について、なぜ、いつ、誰が、どこで、調べるのか―
第3節 雑誌を分析する手法とその実践例 …………………… 41
　　　 ―『明星』を事例に―
◇Column① 内容分析 ……………………………………… 43
◇Column② オーラル・ヒストリー／ライフ・ヒストリー／ライフストーリー ……… 47

第4節　これからの展望 ・・　49
　　　　―越境する「アイドル」文化の捉え方―
◇Column③　「アイドル」関連雑誌の現状 ・・・・・・・・・・・・・・・・・・・・・・・・・　53
◇参考文献案内・・　55
◇Column④　「アイドル」のイメージに関するアンケート ・・・・・・・・・・・　56

第3章　ライトノベルへのアプローチ（山中 智省）・・・・・・・・・・・・・・・　57

第1節　ライトノベルの市場と読者層 ・・・・・・・・・・・・・・・・・・・・・・・・・・・・・・・・・・　58
　　　　―近年の動向を中心に―
第2節　ライトノベル出版史の捉え方 ・・・・・・・・・・・・・・・・・・・・・・・・・・・・・・・・・・　63
　　　　―"源流"から"最前線"まで―
第3節　出版物としての特徴とは何か？ ・・・・・・・・・・・・・・・・・・・・・・・・・・・・・・　68
　　　　―生産・消費・淘汰の狭間で―
第4節　出版史研究の強みとは何か？ ・・・・・・・・・・・・・・・・・・・・・・・・・・・・・・・・　73
　　　　―今後のアプローチのために―
◇参考文献案内・・　78
◇Column　いかにして「過去の作品」を知るか？ ・・・・・・・・・・・・・・・・・・・　80

第4章　出版研究における「読者」（中川 裕美）・・・・・・・・・・・・・・・　81
　　　　　―インタビュー調査の可能性を考える―

第1節　「読者」にアプローチする方法 ・・・・・・・・・・・・・・・・・・・・・・・・・・・・・・・・　82
　　　　―先行研究を振り返る―
第2節　作家を取り巻く「環境」を考える ・・・・・・・・・・・・・・・・・・・・・・・・・・・・・　85
　　　　―新しいネットツールの登場―
第3節　SNS全盛時代における「読者論」・・・・・・・・・・・・・・・・・・・・・・・・・・・・・　93
　　　　―読者とリアルにつながる作家―

■目次

　第4節　出版研究者が取り組むべき課題とは何か？……………… 103
　　　　　―「記録すること」の重要性―
　◇参考文献案内……………………………………………………… 105
　◇Column　出版研究者とインタビュー調査の関係とは ………… 106

第5章　書物を誌す（磯部 敦）……………………… 107
　　　―出版史と書誌学の交錯をめざして―
　第1節　その書物をどう説明しますか？………………………… 108
　　　　　―書物の物的側面とはなにか―
　第2節　そのミスを見逃していませんか？……………………… 110
　　　　　―誤植・乱丁から生産現場へ―
　第3節　その奥付は信頼できますか？…………………………… 117
　　　　　―刊・印・修へのアプローチ―
　第4節　その書物をどのように誌しますか？…………………… 124
　　　　　―書物から始まる出版史研究―
　◇参考文献案内……………………………………………………… 128
　◇Column　背標・折記号　―私の知らない丁合の世界― ……… 130

◆討議のあゆみ　本書の成立まで……………………………………… 131
◆索　引…………………………………………………………………… 132
◆執筆者紹介……………………………………………………………… 134

8

第1章

戦前の週刊誌と連載小説

中村　健

本章の内容

　本章は、出版史研究に重点を置いた小説の分析方法を紹介する。雑誌に連載された小説・記事を取り上げるため、広義には雑誌研究となる。雑誌に掲載された初出の状態を考えるポイントや、系統的な書誌データ、雑誌情報などの集め方など、基礎的な作業に重点を置いた構成となっている。

　事例としては「週刊誌」と、そこに連載された「大衆文学」である。

　朝日新聞社と毎日新聞社が同時期に創刊した『週刊朝日』『サンデー毎日』は出版ビジネスとして成立し、総合的な週刊誌の歴史を開いた。「大衆文学」は、大正末に興隆した、より広範な読者層を目指した文学で、今日でいう時代小説・推理小説などを指し、代表的な作家としては白井喬二、大佛次郎、吉川英治、江戸川乱歩などがいる。連載にとどまらず映画化が積極的になされた。

　『サンデー毎日』を例に、雑誌とその流通環境を把握することが研究を進める上で、どのような意味を持つかを説明する。続けて、メディアを横断して展開する作品の書誌事項の記録方法を紹介する。

　これらの作業をとおして、週刊誌というメディアの特性と大衆文学というコンテンツの特徴が交差した時に何が見えてくるか、出版史研究の展開を紹介したい。

第1章　戦前の週刊誌と連載小説

第1節

雑誌にアプローチするための
６つのポイント
─創刊情報・創刊月・刊行頻度・判型・発行元・読者層─

1.　出版に関する事項の重要性

　本章では、私がここ10年くらい研究対象としている戦前の週刊誌『サンデー毎日』とその連載小説を事例に、雑誌をつかった出版史研究の基本的な手法について述べる。雑誌を対象とした出版史研究というと、分野を問わず雑誌のある期間の目次情報もしくは記事などの全文情報などを集め、記事数や語数の量的分析を行うというのが一つの型になっているように感じる。

　しかし、編集事項の把握や現物確認、書誌事項の収録など基礎的な作業からも多くの情報を得ることできる。布川角左衛門他編『出版事典』（出版ニュース社、1971年）は「一定期間にわたってその社の出版物（雑誌ではバックナンバー、書籍では出版目録）を系統的に検討することによって、その社の編集方針を看守することができる。」（「編集方針」の項）と述べるように、系統的な編集事項の収集が必要だ。まず、出版に関する事項から何がわかるかを説明したい。そして、書誌情報の採録方法、最後に様々な研究手法の紹介という順番に進めていこう。

　では、出版に関する事項として私が重要と考える情報である創刊情報、創刊月、刊行頻度、判型について述べよう。

- 創刊情報：「創刊の辞」や創刊を知らせる広告など雑誌の創刊に関する情報。
- 創刊月：創刊された月のこと。
- 刊行頻度：月刊・日刊・週刊など発行される間隔のこと。
- 判型：雑誌の大きさのこと。

第1節　雑誌にアプローチするための6つのポイント

　今あげた4つの事項から研究に必要な情報がどのようにわかるかを『サンデー毎日』を使って見ていきたい。

〔1〕創刊情報

　『サンデー毎日』は1922（大正11）年4月1日創刊、大阪毎日新聞社・東京日日新聞社から発刊された。『週刊朝日』と並んで現在も刊行が続く新聞社系の総合週刊誌である。刊行頻度は週刊、サイズは約260mm×370mmで、タブロイド判（新聞紙の半分）と呼ばれるサイズになる[注1]。本誌のほかに年2回の臨時増刊『新作大衆文芸』と季刊の特別号がある。ライバル誌は大阪朝日新聞社・東京朝日新聞社の『週刊朝日』である。編集方針は、「どんな人にも面白く読まれ、どんな方面のことも書いてある」[注2]。創刊にあたって『大阪毎日新聞』『東京日日新聞』[注3]に掲載された社告（次ページの**図1-1**）に、その特徴が記されている。

　要約すると、雑誌と新聞の両方の性格を持つ。タブロイド判というサイズは1頁に菊判（約152mm×218mm）雑誌6頁分の記事が掲載でき、婦人雑誌144頁分に相当する。折りたためば通勤・通学の電車内でも読める。これらの情報をメディアとしての特徴として理解すれば、分析する上で非常に有益な情報となる。

〔2〕創刊月

　雑誌の一定期間の変遷を調べるときに変化の起点となる月を知っておくと便利だ。よく知られているのが、年度の初めの4月、新年号である1月、そして創刊月である。創刊月には、何周年かにあわせて、様々な企画がたてられる。編集者の回顧録や雑誌の読み方の事例、編集方針の変更など系統的な調査に必要な企画が登場する。『サンデー毎日』の1周年では、「サンデー毎日が役に立った実例」（1923〔大正12〕年4月1日号および同年4月8日号）、創刊10年企画（1931〔昭和6〕年4月5日号）では、掲載小説の映画化・舞台化を強く打ち出した一大企画を掲げ、その頃の編集方針を体現したものとなっている。

注1　「編集後記」（『サンデー毎日』1930〔昭和5〕年6月10日夏季特別号、1930年）p.58には、この号のサイズとして「四六四倍版」の記述がある。

注2　毎日新聞130年史刊行委員会『「毎日」の3世紀 ―新聞がみつめた激流130年― 』別巻（毎日新聞社、2002年）p.204。この文言は、1922年3月17日付1面の社告に記されている。

注3　当時、大阪を発祥とする毎日新聞、朝日新聞は、東西で別版を発刊していた。毎日新聞の大阪版は『大阪毎日新聞』、東京版は『東京日日新聞』、朝日新聞の大阪版は『大阪朝日新聞』、東京版は『東京朝日新聞』。

また、15周年では、ゆかりの作家や創刊時の編集者の回顧録（1937〔昭和12〕年4月1日創刊15周年記念特別号および同年4月4日号）が掲載されている。

大阪毎日新聞社・東京日日新聞社が発行する他の雑誌の例もあげよう。経済雑誌『エコノミスト』（1923年4月創刊、月2回刊）は、創刊月（4月）付近に注目すると、表紙のカラー化（1929〔昭和4〕年4月1日号）、雑誌のロゴ登場（1930年5月1日号）と編集の変化点となっている。また、戦後になると、1952（昭和27）年1〜4月に連載された「30年に憶う」や「本誌35年の思い出」（1957〔昭和32〕年4月6日号）など、創刊月には、編集者の回顧録が掲載されている。

図1-1 『サンデー毎日』発行の社告（『大阪毎日新聞』1922年3月29日付1面）
※「毎索」では版が異なるため同じ社告を1922年3月28日付1面に見ることができる。
※ 3月の『大阪毎日新聞』『東京日日新聞』には、他のパターンの社告がある。

ライバル誌の『週刊朝日』（創刊月2月）でも同様で、5周年にあたる1927（昭和2）年2月27日から3週にわたって掲載された「週刊朝日と私」という記事から、当時の『週刊朝日』の読者像を知ることができる。

〔3〕刊行頻度

刊行頻度とは、日刊、週刊、月刊など新聞・雑誌が発行される間隔のことで、記事や作品の形式や進行に関わる。連載小説で言うと、新聞は日刊で原稿用紙3〜4枚／1回で3か月から1年近い連載期間がある。連載の単位である原稿用紙3〜4枚のペースで話が構成されていくため、非常にスピーディーな展開の長編作品ができあがることが想定できる。一方、雑誌（月刊）の場合は、連載に加えて読切の短編というパターンも想定できる。作家にとっても、提出も月一回で、新聞連載に比べてじっくり創作に専念できる。

菊池寛はプロットと刊行頻度のバランスを意識した[注4]。志賀直哉や谷崎潤一郎は新聞連載が苦手だった[注5]。このように作家によって連載の得意不得意が分かれた。これは、マンガでも同様で、週刊誌と月刊誌ではストーリーの形式が変わる[注6]。

『サンデー毎日』の場合は週刊で、原稿用紙20〜30枚／1回だ。この枚数は新聞連載の1週間分に相当するが、作家にとっては一度にこの枚数を出すことが重労働で[注7]、連載という形式を維持することが大変であった。そのために初期は連載の中断もままあり、段々、連載小説の掲載ページや期間もコンパクトになっていくなど、試行錯誤が見える[注8]。

注4　田口律男「プロットの力学／大衆小説の引力 ―菊池寛「真珠夫人」の戦略（ストラテジー）―」（『日本近代文学』50、1994年）。

注5　谷崎潤一郎「新聞小説を書いた経験」（『大阪朝日新聞』1933（昭和8）年2月9日付）。西山康一・庄司達也「志賀直哉と『大阪毎日新聞』 ―「或る男、其姉の死」「暗夜行路」背景考―」（『岡大国文論稿』41、2012年）。

注6　滝田誠一郎『ビッグコミック創刊物語 ―ナマズの意地―』（プレジデント社、2008年）pp.264-266。

注7　「本誌創刊二十五周年を迎えて　あの頃、その頃の思い出話　同人の座談会」（『サンデー毎日』1947年4月臨時増刊25周年記念特別号、1947年）pp.14-17における大佛次郎の発言。江戸川乱歩「探偵小説十年」（『江戸川乱歩全集』第13、平凡社、1932年）p.438。長谷川伸「天正殺人鬼の頃に」（『サンデー毎日』1937年4月1日創刊15周年記念特別号、1937年）pp.68-71など。

注8　中村健「白井喬二「新撰組」と『サンデー毎日』の関係性の検証と意義 ―戦前週刊誌の巻頭に関する一考察―」（『出版研究』42、2011年）。

■ 第1章　戦前の週刊誌と連載小説

〔4〕判　型

　タブロイド判というサイズは、〔1〕創刊情報で述べたように『サンデー毎日』の個性を作る大事な要素である。大きなサイズの誌面を生かして、他のサイズの雑誌に比べて、写真や挿絵といった図像が引き立つ編集がなされており、分析にあたっては、記事や文章だけでなく写真や見出しを含めた一体的な理解が必要ということになる。

　これは、朝日新聞社の『週刊朝日』『アサヒグラフ』も同様である。当時の連載小説の魅力は、作家の文章とともに挿絵である。挿絵によって人気も変わるほどである。当時の人気挿絵画家である小田富弥や岩田専太郎は『サンデー毎日』では一般の雑誌より大きな挿絵が描けるということで、特別な思いを持っていた[注9]。したがって、同誌の連載では、分析対象は文章だけでなく挿絵も視野に入れる必要がある。

2. 雑誌が置かれた環境を理解する

　このように4項目に注目してきただけで、系統的に雑誌を調査するポイントがわかったのではないだろうか？　ここまでは雑誌そのものの編集に関する事項について述べたが、ここからは雑誌を取り巻く環境に関する事柄について述べよう。それは、新聞・雑誌の発行元とその読者層だ。これは、調査対象の小説・記事がどのように掲載され、またどのように読まれたかを考察するときに必要となる情報である。同様に『サンデー毎日』を例に、どのような情報を得られるのか見てみよう。

〔1〕発行元

　調査対象とする新聞・雑誌が、発行元（新聞社や出版社をさす）の出版物のなかで、どのような位置づけがなされているかを考えることが大切だ。新聞社においては新聞が主力であり、雑誌や単行本といった出版物とは位置づけが違うため、『サンデー毎日』は、『大阪毎日新聞』『東京日日新聞』と同列に位置づけ

注9　岩田専太郎「コマ絵から」（『サンデー毎日』1956年4月1日創刊35年記念増大号、1956年）pp.81-82、小田富弥「聞き書　丹下左膳の腕」（『名作挿絵全集』2巻（大正・時代小説篇）、平凡社、1980年）pp.138-140。

て考えてはいけない。例をあげよう。1933年1月から連載された直木三十五「益満休之助」は、彼の代表作「南国太平記」の続編である。「南国太平記」は本紙の『大阪毎日新聞』『東京日日新聞』に連載され大ヒットとなった。しかし、続編は本紙ではなく『サンデー毎日』に連載されている。同年の6月から連載の邦枝完二「夏姿団十郎」も本紙連載「江戸役者」の続編である。新聞と雑誌の間を小説・記事、執筆者・作家がどのように移動していくのかに注目すると、新聞連載の続編は『サンデー毎日』に移っている。これと逆のパターン、つまり『サンデー毎日』に連載された作品の続編が新聞連載になる場合は、その理由を探ることが必要であるし、研究テーマとしても成立するだろう。

　連載小説は、読者に毎回継続して買ってもらうための戦略的なコンテンツであるが、連載について新聞社と出版社では考え方が違う場合がある。新聞社にとって、掲載作品の質も大切だが、誰もが知っている有名作家を起用し読者を拡大することと、新聞の刊行にあわせて途切れることなく連載を続けられる作家を起用することが大切と考えている[注10]。

　一方、出版社の場合は、連載したものを図書として売ることも考えているため、雑誌連載は、図書を完成するためのストック・メディアという考え方が出てくる。志賀直哉の名作「暗夜行路」が『改造』に何年もかかって断続的に掲載することが可能なのは、出版という出口が用意されているからだろう。

〔2〕読者層

　小説・記事の受容を考えるための資料として、批評、読者の感想がよく使われるが、考察にあたっては、掲載雑誌の流通や部数も一緒に考えることが大切である。部数に関しては、出版社の社史などに掲載されていることが多い。だが、一方である期間の部数しか公開されていない場合や、まったく公開されていない場合もある。その場合、当時の内務省警保局の『出版警察報』に記載された諸データが参考になる。ただし、すべての出版物のデータが記載されているのではなく、処分にあった新聞・雑誌の部数に限られるため、処分を受けなかった新聞・雑誌の部数は記載されていない。また、『雑誌新聞発行部数事典 —昭和戦前期 附.発禁本部数総覧—』（金沢文圃閣、2011年）は、そこに記された発行部数や差し押さえ数をもとに編まれた事典だ。参照してみるとよいだろう。

注10　高木健夫『新聞小説史　明治篇』（国書刊行会、1974年）はしがき p.4。

■ 第1章　戦前の週刊誌と連載小説

『サンデー毎日』の場合は、創刊時は34万部、1923年には15万部となっている[注11]。購読は新聞販売店から新聞と一緒に配達されることが多く、東西の『毎日新聞』流通圏内の発行物といえる。新聞の読者拡大の拡販商品としても使われた[注12]。『サンデー毎日』では、懸賞企画を募集した際、応募者や当選者の県別など居住地別に掲示している。それらを見ると、関東に比べて関西圏が多い。さらに台湾、朝鮮、満州などの外地にも広がっている。懸賞の当選者の記事は、発行部数や読者の分布や言説の流通圏を考える場合の資料となる。

また、当時の社会調査や統計資料も有用だ。前田愛『近代読者の成立』（有精堂出版、1973年）、有山輝雄「192、30年代のメディア普及状態 ―給料生活者・労働者を中心に―」（『出版研究』15、1984年）、永嶺重敏『雑誌と読者の近代』（日本エディタースクール出版部、1997年）、山本武利『近代日本の新聞読者層』（法政大学出版局、1981年）などの出版史研究の各論考では、各雑誌の読者を把握するのに、当時の統計や読者調査を多用し空間的な把握を試みているので、参考資料を参照し研究対象や地区に類似の史料がないかを探すとよいだろう。

『サンデー毎日』の流通に関しては、京都市役所社会課「調査報告No1常備労働生活調査1〔大正13年10月－12月調査〕」に収録の「統計　電No26」[注13]などが参考になるだろう。

このように発行元と読者層は、掲載された小説・記事の批評がどのような環境に基づいたものであるかを考えるのに必要な情報である。考察の前に収集しておこう[注14]。

注11　野村尚吾『週刊誌五十年』（毎日新聞社、1973年）p.45。
注12　海音寺潮五郎「当選して風邪をひいた話」（『東京新聞』1959年2月15日付）初出、のち『日、西山に傾く』（東京美術、1972年）所収。
注13　復刻版が近現代史料刊行会編集『日本近代都市社会調査資料集成5　京都市・府社会調査社会調査報告書〔Ⅱ〕–1』（近現代資料刊行会、2002年）に収録されている。
注14　第4章担当の中川裕美の「雑誌研究の方法と課題」（『愛知淑徳大学現代社会研究科研究報告』11、2015年）は、研究対象の戦前の少女雑誌を事例に、系統的な雑誌調査のポイントを述べた論考だ。参考にしてほしい。

第2節　小説・記事の書誌事項を調べる

第2節

小説・記事の書誌事項を調べる
─雑誌の所蔵情報、目次情報の活用─

1.　現物にアプローチする方法

〔1〕所蔵情報

　調査対象となる雑誌が、どこの図書館にあるか、蔵書目録（OPAC）や全国の大学図書館の所蔵がわかる CiNii Books などで検索しよう。検索にあたっては、雑誌（オリジナル）、復刻版やマイクロフィルムなどの複製資料、目次情報（「〇〇総目次」という書名が多い）など、どの形態のものが流通しているのかを把握しよう。最近は、「国立国会図書館デジタルコレクション」などのデジタルアーカイブでウェブ（Web）公開されている資料が格段に増えているので、紙（プリント）版と電子版の両方の形態の資料の把握が必要だ。

　系統的な調査をする場合は、対象とする資料が研究室や身近な図書館など、すぐに現物にアクセスできる場所を知っておくことが必須だ。なお、図書館に保存された雑誌（オリジナル）を閲覧する時に注意したい点がある。保存されているのは、通常号のみで、臨時増刊、特別号、附録は所蔵されていないことが多い。往々にして調査対象の小説・記事は特別号、臨時増刊などに収録されていることが多いので、所蔵館の調査はしっかり行おう。また、製本し保存されたものは、表紙・広告が省かれていることがある。表紙・広告も重要な情報源のため、必要な場合は、表紙・広告が保存されている図書館はどこか、電子版でオリジナルが完全な状態で公開されていないか、または現物を売っている古書店はどこかまでを調べよう。

　ある程度は自分で調べたら、漏れがないか、図書館のレファレンスカウンターで図書館員に相談をしてみよう。また、現物を購入する場合は、ウェブサイト

17

■ 第1章　戦前の週刊誌と連載小説

の「日本の古本屋」「ヤフオク!」がよく利用されている。

〔2〕目次情報

　目次情報が刊行されていると情報源として便利である。『サンデー毎日』の場合は、黒古一夫監修、山川恭子編集『戦前期『サンデー毎日』総目次』全3巻（ゆまに書房、2007年）が活用されている[注15]。目次情報がない時は、現物にあたって採録するとよいのだが、かなり作業時間が必要である。

　そこで新聞に毎月、各社の広告が掲載されているので、それらに目を通しておくと、どのような記事が各号に掲載され、どのようなインパクトで広報されているのかわかり、分析時に役立つ。新聞記事データベースの聞蔵Ⅱ（『朝日新聞』）、毎索（『毎日新聞』）、ヨミダス歴史館（『読売新聞』）は、大学・公共図書館で創刊号から閲覧できることが多い。検索キーワードは、雑誌名だけでなく、出版社名、日付、該当ページ数を使うと、効率的に広告情報を得ることができる。

　調査の効率化を目指す学生諸君にとっては、広告だけ見れば十分なのではといわれそうだが、広告に掲載されていても、刊行時にタイトルが変わっていたり、小説・記事が掲載されないことがあるので、現物の確認は必要である。

　次に、広告と目次情報の使い方にふれたい。馬場光三『生活と雑誌』の「目次の役目」には、目次の見方が記されている。長くなるが、少し引用してみよう。

　　目次は題材の価値を表現するから、其の雑誌が最も力を注いだ呼物記事の題名の活字を他の夫より大ならしめ、或る筆者の力作の為には特別の位置を与へて読者の着目に便ならしめ、或は大執筆者の作品を特に優遇する方法を講ずる等、各題材の価値を充分表現せしむる為、種々なる工夫が施されるのである。次に目次の構成上、最も苦心を要する所は題材の類別であつて、題材の類別と其の位置が適当でなければ読者の目に着き難きのみならず、個々の題名が精彩を発揮し得ず[注16]。

　編集部が、その月の小説・記事にどのような意味を持たせているのかを知るためには、オリジナルの目次や広告で、記事名の大きさや掲載場所から推測す

注15　黒古一夫監修、山川恭子編集『戦前期『週刊朝日』総目次』全3巻（ゆまに書房、2006年）も刊行されている。

注16　馬場光三『生活と雑誌』（言海書房、1935年）pp.96–97。

第2節　小説・記事の書誌事項を調べる

ることが可能となる。実物を比較するとわかりやすいだろう。『サンデー毎日』
1934（昭和9）年5月13日号の新聞に掲載された広告（『大阪毎日新聞』1934年5月
10日付11面）・誌面の目次・目次情報（テキストデータ）の3種類（次ページの**図
1-2**）を用意した。

　まずは、目次情報(c)と目次(b)を比べてみよう。目次(b)でいくつかの記事
は太字で表示されているが、これが先述の馬場光三がいう〈呼物記事の題名〉に
あたる連載の小説・記事名、企画名だ。さらに広告(a)をあわせてみると、より
この号の特徴が見える。笑いをテーマにした特集読物「初夏の微笑」、名物スポー
ツ記者による野球観戦記、現在の週刊誌と同じく興味本位の実話記事が〈其の雑
誌が最も力を注いだ呼物記事の題名〉で、この号のキーワードとして「レヴュー
ガール」が推測できる、ということだ。また、目次情報(c)では、著名な映画監
督・衣笠貞之助の名前が見えたので重要な文章に思えるかもしれないが、広告
(a)や目次(b)と照らしあわせると小さな記事という判断になる。

　このように、目次情報はフラットな情報であり、目次情報だけ見ても記事の
重要度がわかりにくい。その場合、広告や目次とあわせて読み解くと、目次情
報に重みづけを持たせることが可能となる。

2.　書誌情報はメディア横断的に採集しよう

　ここからは対象となった小説・記事の掲載情報および関連情報の記録の仕方
に話を進めていきたい。大衆文学は、連載は原作となって書籍化、映画化に使
われ、さらにレコード化、ラジオドラマ、関連商品発売など、メディアを横断
した展開を行う。したがって、記録も連載誌面の書誌事項だけでなく、各メディ
アでの展開を記録することが必要だ。例えば、若松伸哉、掛野剛史編集『菊池
寛現代通俗小説事典』（八木書店、2016年）は、菊池寛の文学に関する書誌事項
の他に単行本書誌、舞台化、映画化の年表が収録されている。

　私は、なるべく同じ時期の新聞も一覧して、幅広く書誌事項を記録すること
にしている。新聞には、書評や映画劇評のほか各種広告が掲載されている。雑
誌、図書の書籍広告、映画、舞台、レコードの広告、ラジオ欄があり、それら
を実際に見て、配置や広告文を読み、データとして記録することにより、追体
験までと言わないが、当時の様子を感覚的に理解できる。

19

■ 第1章　戦前の週刊誌と連載小説

(a) 1934年5月13日号の広告

(b) 1934年5月13日号の目次

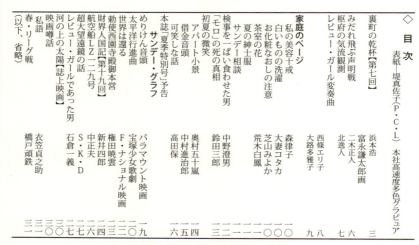

(c) 1934年5月13日号の目次情報

図1-2 『サンデー毎日』1934年5月13日号の広告（a）・目次（b）・目次情報（c）
※目次情報は、筆者が採録した。現代かなに直し、紙幅の都合上31ページまでの記事名、著者名、ページ数のみ記載した。

20

	連載	連載に関わる記事や企画	作者の他の雑誌での連載の記録	出版化に関する情報	映画化に関する情報	レコード化に関する情報	ラジオでの放送
4/25	予告						
5/1	1回目						
		7/3　作者の随筆が○△新聞に掲載					
①		11/1　別の作家が書評を掲載					
			12/3　「小説B」『○○倶楽部』1月				
			12/4　「小説C」『□□雑誌』1月-				
12/25	最終回		12/5　「小説D」『月刊△△』1月-				
				②	3/11　映画広告『CD新聞』掲載		
		3/13　映画評掲載			3/12　映画広告『AB新聞』掲載	3/13　主題歌『AB新聞』広告	
				5/1　書籍(A社)『AB新聞』広告掲載			3/15　映画劇19:30より放送

注：この図版は、分析手法を示すために作成した架空のデータである。
　　アミを伏せた①②の部分に注目してみよう。

図1-3　新聞からのデータの採録事例

　記録方法はエクセルを使い、メディアごとに記録をすると見やすい。目が疲れにくいように紙の縮刷版、次にマイクロフィルム、電子版の順で使っている。記録方法は人によって違うので、あくまでも一例である。例えば次のようにある連載小説に関連する記事や広告を採録できたとしよう（**図1-3**）。（注意：分析手法を学ぶための架空の記事である）

　この記録から次のような2つの流れを見つけることができる（アミ掛け部分）。

①連載後、別雑誌の連載が増えた。→連載が好評で、作家の評価が高まり、連載終了後新年号から連載が増加した。

②映画化された後にレコード・書籍が発行され、ラジオドラマにもなった。→映画化に伴い、作品のメディア連携が増加した。

　そして、2つの流れが正しいのかどうかを検証したのち、①に重点を置くならば連載の内容分析と、作品の評価がどのように作家の評価の確立につながったかを探ることになるだろう。②に重点を置くならば、連載、書籍、書籍などの各メディア上での表現の分析や連載からラジオドラマまでの横断的な展開の分析に進むことができる。

　このように重点に置く時期により研究の進め方は変わってくるのである。

■ 第1章　戦前の週刊誌と連載小説

第3節

分析の手法
―出版事項、量的分析―

1. 連載作品を出版事項から理解する

　これまでは雑誌について述べてきた。そこで述べた出版に関する事項から連載小説を考察してみると、次のような理解が可能である。いくつか事例を挙げてみる。

〔1〕白井喬二「新撰組」

　〈雑誌の巻頭に連載小説〉というタブロイド判週刊誌のフォーマットを決定づけた作品。この頃『サンデー毎日』は部数が落ち込み、起死回生を狙った企画だった。巻頭小説のフォーマットは、新聞の連載の一週間分相当の分量が掲載できる大きな誌面であり、かつ滞りなく連載を続けなくてはいけない。長編を得意とする作家の起用が必要である。白井喬二は、芥川龍之介に「象のような」と称された想像力豊かな作家だった。作家の資質と雑誌のフォーマットが一致した成功例と言えよう[17]。

〔2〕海音寺潮五郎「風雲」と井上靖「流転」

　この2作は『サンデー毎日』が設けた長編の大衆文芸（大衆文学）の懸賞企画に入選した作品。「風雲」は1931年に募集した長篇大衆文芸賞の受賞作。「流転」は1936年の第一回千葉賞入選（第一席）作。海音寺潮五郎と井上靖の作家デビュー前の作品として知られている。

　応募要項にある枚数を見ると、1931年の長編大衆文芸賞は1回を20枚として

注17　前掲（注8）。

連載25回分以内（『サンデー毎日』1931年3月1日号、p.16）、5年後の千葉賞では、1回の枚数は同じ20枚だが、連載8〜9回分と、回数が短くなっている[18]。この5年間に連載小説の規格が短くなったということが言えそうだ。

また「流転」の選評を見ると、編集部のコメントとして「適当な挿画を配備すれば、この篇が一番読者に喜ばれるのではないかと思はれる。」[19]とあり、挿絵が生かせる作品というのがフォーマットとしてより意識されていくようになったことが理解できる。

〔3〕 一話読切型

用紙統制を受け『サンデー毎日』は、1942（昭和17）年に判型がB5判に変わり、サイズが小さくなった。その後、この判型が現在まで続く。B5判における連載小説の定型としては、源氏鶏太「三等重役」にはじまる一話読切型が挙げられる[20]。

そこで、サイズが変わる前の『サンデー毎日』に一話読切型の連載がないかを探ったところ、講談の神田伯龍「大塩捕物帖」（1938年5月8日号から連載開始）あたりから旭堂南陵「浪速百人斬り」、旭堂南陵「豪快拳骨和尚」と、講談で一話読切が見られたものの、時代小説、現代小説では見られなかった。その事実を受け、ジャンルと判型など雑誌のフォーマットに関係性があるのか考察したが、まだ答えを筆者は見いだせていない[21]。

注18 「募集規定」（『サンデー毎日』1936年1月5日号、1936年）p.3は「四百字詰原稿用紙百六十枚乃至百八十枚以内、たゞし本誌連載用として、約二十枚を一回分」とある。
注19 「審査後記」（『サンデー毎日』1936年8月2日号、1936年）p.8。
注20 辻平一『文芸記者三十年』（毎日新聞社、1957年）pp.91–98。
注21 中村健「部会報告　出版史研究の手法を討議する　その1 ―戦前の週刊誌の連載小説の変遷を探る―」（『日本出版学会会報』138、2014年）。

2. 量的分析の方法と課題

　集めた書誌事項のうち連載回数や行数などを数的に分析し、その変化を考察する方法を量的分析という。私が『サンデー毎日』の季刊の特別号「小説と講談」に掲載されたさまざまな小説について量的分析した事例を紹介しよう。

　期間は創刊の1922年から1930年に特別号と改題されるまでの8年間の各読物の収録数の変遷を探った。編集部が目次で与えた小説の分類（講談、小説、創作、新講談等）[注22]に含まれる読物の行数を計測し合計し、各号の誌面全体の何割を占めるかを探る方法（誌面占有率）を採った（**図1-4**）。

　誌面占有率については、『サンデー毎日』は誌面が広く、一つの誌面に複数の小説が掲載されていることもあるため行数を採用したが、一般的にはページ数でカウントすることが多い。そこで得られた数値と編集方針を関連付け考察した。

　変化として号を追うごとに「小説」「講談」以外の「大衆文芸」をはじめとして「探偵小説」「映画小説」「落語」など新たな分類が増えていき、初期に主力だった「小説」「講談」は全体の10％以下になった[注23]。

　読物の傾向として、年を追うごとにさまざまなタイプの小説が生まれ、特別号の誌名である『小説と講談』という枠組みに収まらなくなったことが数値で示すことができた。このように量的分析は誌面の変化を客観的に語ることができる。

　一方、課題について述べよう。量的分析の結果を小説・記事の質的な評価につなげることは可能かという点だ。私の研究発表を例に説明しよう。

　一般的に雑誌の連載の人気作は連載期間が長くなるため、連載回数は、作品の人気度を測るバロメーターになる。連載回数の多い作品は、人気作品となり、作家の代表作のひとつとなっていくことが多い。しかし、『サンデー毎日』の連載回数の長い作品は、白井喬二「新撰組」を除いて、ほとんど後世に知られた作品が少ない。戦前の新聞連載につぎつぎとその作者の代表作が掲載された事象と比較すると様子は大きく異なる。

注22　ここでいう分類は、推理小説、時代小説、随筆などジャンルを示すもの、または小説名の上に付される角書（つのがき）と呼ばれるものを指す。

注23　中村健「『サンデー毎日』特別号「小説と講談」の変遷」（『日本出版学会会報』132、2012年）。

第3節　分析の手法

巻	号	年	月日	タイトル	著者	画	分類		その記事の行数	総ページに占める割合
3	15	1924	401	表紙			表紙		343	1.79%
3	15	1924	401	グラビア「美人特集」			グラビア		1029	5.36%
3	15	1924	401	グラビア「男から女へ」					686	3.57%
3	15	1924	401	広告			広告		686	3.57%
3	15	1924	401	古今狂言尽くし			附録		2156	11.22%
3	15	1924	401	五平の失策	加藤武雄		創作	①	737	3.84%
3	15	1924	401	火のいたづら	泉鏡花		創作	①	1311	6.83%
3	15	1924	401	眠りのあちら	小川未明		創作	①	337	1.75%
3	15	1924	401	第四の夫から	芥川龍之介		創作	①	206	1.07%
3	15	1924	401	佐吉の父	前田河廣一郎		創作	①	2799	14.57%
3	15	1924	401	地に落つる物	吉田絃二郎		創作	①	588	3.06%
3	15	1924	401	十二疋の狐	小山内薫		創作	①	294	1.53%
3	15	1924	401	知恵なし伊豆	白柳秀湖		新講談		882	4.59%
3	15	1924	401	正雪の遺言	西井菊次郎	鰭崎英朋	新講談		618	3.22%
3	15	1924	401	ひょっと斎	漫々亭主人	金森観陽	新講談		652	3.39%
3	15	1924	401	拝領陣	白井喬二	近藤紫雲	新講談	②	733	3.82%
3	15	1924	401	吉良上野の首	平山蘆江	金森観陽	新講談		463	2.41%
3	15	1924	401	二つの毀れ物	前田曙山	鰭崎英朋	新講談		588	3.06%
3	15	1924	401	春の夜の恋	紀潮雀	名越國三郎	新講談		796	4.14%
3	15	1924	401	両面盗賊篇	長谷川伸	山口草平	新講談		574	2.99%
3	15	1924	401	辻斬の志道軒	柳内白來	八幡草平	新講談		557	2.90%
3	15	1924	401	文政毒婦噺	小久保久吉	名取春仙	新講談		402	2.09%
3	15	1924	401	春徳寺の天火	柳谷梅里	名取春仙	新講談		687	3.58%
3	15	1924	401	烈女山口お藤	森小経	名取春仙	新講談		588	3.06%

上記表の②「新講談」部分の誌面

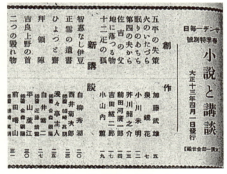

上記表の①「創作」部分の目次

『サンデー毎日』1924年4月1日小説と講談号（左）p.27（右）目次 p.5

図1-4　書誌情報の採録事例

25

第1章　戦前の週刊誌と連載小説

　そこで、筆者は「新聞連載と比べて、『サンデー毎日』連載小説に名作が生まれにくいのは『サンデー毎日』の判型やレイアウトなどのフォーマットに原因があるのではないか」という仮説を立て、各連載小説の構成とフォーマットの関係を分析してみた。残念ながら明確な因果関係が証明できなかった。そのうえ、出版史研究という枠組みにおいて、名作の定義を適切に設定できなかった。つまり、名作という「質」の分析は、出版研究ではなく文学研究の領域に入るのではないかという批判を受けた[注24]。

　その議論を通じて、出版メディアに重点をおいた研究では、量的分析の結果を質的な評価につなげることが可能なのか、という課題が浮き彫りになった。この点について、筆者は有効な反論や分析方法を提示できないままに今日に至っている。

　なお、雑誌記事における定量的な内容分析や、質的な言説分析は第2章で詳しく述べるので参照してほしい。

注24　前掲（注21）。

第4節　研究手法の展開

第4節

研究手法の展開
―図像分析、出版学―

1. 日々進化をとげる出版史研究

　出版史研究の手法は、各研究領域で試行錯誤され、日々進化していると言っていい。文学、社会学、歴史学、情報学の各分野で雑誌などの出版物を調査対象にした研究は広がっている。『サンデー毎日』の研究手法として、注目しているものを紹介しよう。

〔1〕挿絵や写真の図像分析

　『サンデー毎日』はグラビアを特色とした雑誌である。記事や図像を一体化して理解することが欠かせず、同時期の世界で発行されたグラフィック雑誌全般にいえることだろう[注25]。したがって、小説・記事を理解するときに挿絵や写真も合わせて分析することは研究の視点として欠かせない。同誌における図像分析は、緒についたばかりで、今後、発展していくテーマと考えている。副田賢二がいくつかの論考を発表しているので参考になるだろう[注26]。

　また考察にあたっては『サンデー毎日』編集部による『ホームライフ』や、ライバル社が刊行した『週刊朝日』『アサヒグラフ』『写真報知』など同時期の

注25　ミリアム・ブラトゥ・ハンセン著、竹峰義和、滝浪佑紀訳『映画と経験』（法政大学出版局、2017年）p.81。
注26　副田賢二「〈前線〉に授与される〈文学〉と大衆文化 ―昭和戦時下における〈文学リテラシー〉の機能拡張―」（『日本近代文学』92、2015年）、副田賢二「消費される「女性」表象とエキゾティシズム ―戦前期『サンデー毎日』におけるイメージ消費・再論 ―（戦前期の週刊誌研究―『サンデー毎日』を中心に―）」（『近代文学合同研究会論集』11、2014年）、副田賢二「週刊誌『サンデー毎日』のメディア戦略 ―その創刊から一九二〇年代までを中心に―」（『防衛大学校紀要. 人文科学分冊』108、2014年）など。

27

第1章　戦前の週刊誌と連載小説

グラフィック誌を比較しながら、多面的かつ立体的な考察が欠かせない。

〔2〕編集者の存在

出版史研究の対象には、編集者の役割も挙げられるだろう。

編集者の存在が連載小説のテーマ設定や掲載誌面の題名、見出し、挿絵の構図を決めるのにどのような決定権を持ち、作家の創作活動とどう共鳴しあったか、研究の視点として重要である。また、白井喬二、子母澤寛、川口松太郎、生田蝶介など『サンデー毎日』に長期連載した作家の多くは、編集者経験を持っている。彼らの作品に、編集者の経験がどのように生きているのか、これもテーマとして考えられるだろう。

なお、大衆文学の著名な編集者については、真鍋正之『増補 大衆文学事典』（青蛙房、1973年）の巻末に挙げられているので、どんな人がいるのか、目を通しておくとよいだろう。『サンデー毎日』の文芸関係の編集者では、石割松太郎、渡邊均、新妻莞、辻平一らが知られ、辻平一には回顧録『文芸記者三十年』（毎日新聞社、1957年）がある。

2. 出版学は学問領域の交差する場

出版学の泰斗、箕輪成男は出版学を「社会事象としての出版事象を研究対象とする学問」であり、「書籍・雑誌の生産、流通、利用の過程についての研究」と定義し[注27]、その研究手法は「出版学は応用学であり他の諸学の方法を援用する」と述べた[注28]。

研究対象としては、著述、編集、印刷、校正、デザイン装幀、製本、読書、経営、法律、国際出版などがあたる[注29]。出版学の学会、日本出版学会では、出版に関する法制、編集、技術、産業、翻訳などの各研究部会があり、研究業績が続々と積み上げられている[注30]。

最近では、新聞・雑誌そのものを研究するより、新聞・雑誌に掲載された小

注27　箕輪成男『出版学序説』（日本エディタースクール出版部、1997年）p.1及びp.3。
注28　箕輪成男『歴史としての出版』（弓立社、1983年）p.261。
注29　前掲（注27）、pp.12–13。
注30　日本出版学会ホームページでは、11の研究部会が紹介されている。
　　　http://www.shuppan.jp/bukai.html（2019年3月1日閲覧）

第4節　研究手法の展開

説・記事のテクストとコンテクストを総合的に分析する研究が増えている。出版学においてはどのようなアプローチとなるかを考えてみると、コンテクストの理解には出版研究の手法が有効だが、小説・記事のテクスト分析には小説・記事が属する学問分野（社会学、政治学、経済学など）の手法によるべきとなるのではないだろうか[注31]。

　研究テーマで例えるなら、「『サンデー毎日』の連載小説、白井喬二「新撰組」の読まれ方について」であると、今述べたように文学的なテクスト分析とコンテクストの分析を合わせて考察する必要があり、研究者によって出版史研究、文学研究の比重は異なる。しかし「『サンデー毎日』の読まれた方を購読・流通から見る」となると出版流通や出版編集のテーマとなり、出版史研究に重点を置いた研究テーマとなる。テーマの設定により、それぞれのバランスに変化が出てくるので、そこを意識した考察を行いたい。

　本章では、『サンデー毎日』を例に、出版史研究の手法について案内をしてきた。まだまだ発展段階の学問分野なので、手法はもっと多彩に広がっていくだろう。

※本章で図示した『サンデー毎日』『大阪毎日新聞』は、大阪市立大学学術情報総合センター所蔵のものである。

注31　新藤雄介「メディア史の歴史学化か／歴史学のメディア研究化か —メディア史・歴史学・文学・政治学にとっての読者研究の位相—」（『メディア史研究』41、2017年）は、そのタイトルが示すように、どこに研究領域の重点を置くのかという問題提起をしている。

参考文献案内

　本章で触れられなかった出版史研究および戦前の週刊誌研究の参考文献を紹介しよう。数多くある研究書の一部しか紹介できないのが残念だ。

　第4節で紹介した箕輪成男『出版学序説』（日本エディタースクール出版部、1997年）は、出版学の概念やモデルなどが余すことなく記された出版史を含む出版研究の基本書だ。その他にも実証的な出版史研究の基本書として永嶺重敏『雑誌と読者の近代』（日本エディタースクール出版部、1997年）、同『モダン都市の読書空間』（日本エディタースクール出版部、2001年）などがある。また、植田康夫『知の創生と編集者の冒険』（出版メディアパル、2018年）は、植田の既出の論考を集めたものだが、出版史と出版学についてわかりやすいテキストに編集されている。

　日本出版学会・出版教育研究所共編『日本出版史料』1-10（日本エディタースクール出版部、1995年–2005年）は、出版史研究の論考が数多く収録された論文集だ。どのようなテーマがどのような手法で考察をされているかを知るのによい。

　次に、研究者名をあげるが、有山輝雄、山本武利、佐藤卓己氏の著作は、出版を含むメディアの歴史（＝メディア史）を学ぶものにとっては必読だ。テーマも広く著作も多いので、次の3冊を起点に広げていくといいのではないか。

　有山輝雄・竹山昭子編『メディア史を学ぶ人のために』（世界思想社、2004年）

　山本武利『近代日本の新聞読者層』（法政大学出版局、1981年）

　佐藤卓己『現代メディア史』（岩波書店、1998年）

　最近、刊行されたものから数冊あげたい。

　岩野裕一『文庫はなぜ読まれるのか ―文庫の歴史と現在そして近未来―』（出版メディアパル、2012年）の著者は実業之日本社の編集者。出版史研究には現場の視点も大切だが、この本は現場の視点と研究の視点が融合した好著だ。

　和田敦彦『読書の歴史を問う ―書物と読者の近代―』（笠間書院、2014年）は、図版を多く盛り込み近代以降の出版史についてわかりやすく説明している。大澤

参考文献案内

聡『批評メディア論 ―戦前期日本の論壇と文壇』（岩波書店、2015年）は刊行当時、大変、話題になった。ウェブ時代の感性で戦間期の出版史を叙述しており、読者の皆さんには当時の出版メディアを身近に感じることができる一冊だ。

歴史研究に年表は欠かせない。基本的な年表として日本書籍出版協会編『日本出版百年史年表』（日本書籍出版協会、1968年）がよく知られるが、『デジタル版日本出版百年史年表』（http://www.shuppan-nenpyo.jp/）としてウェブ公開されているのでこちらも活用しよう。出版流通の歴史を記した橋本求『日本出版販売史』（講談社、1964年）と一緒に活用するとよいだろう。

最近刊行された土屋礼子編『日本メディア史年表』（吉川弘文館、2018年）は2015年までのメディア史に関する年表となっている。

週刊誌研究の研究書として、週刊誌研究会編『週刊誌』（三一書房、1958年）がよく知られる。朝日新聞社編『週刊誌のすべて』（国際商業出版、1976年）には世界各国の週刊誌の説明がある。2書とも戦後の週刊誌については多くのページを割き、戦前については少ないが、週刊誌メディアを理解するには好著である。

本章では、『サンデー毎日』を事例としてあげたが、文中で触れたもの以外に、伊集院齊『大衆文学論』（櫻華社、1942年）を追加しよう。著者は本名、相良徳三といい『サンデー毎日』初期の編集スタッフだ。それゆえに編集現場の視点が生きた文学論である。

ライバル誌『週刊朝日』に関しては『朝日新聞出版局史』（朝日新聞社出版局、1969年）、または『朝日新聞出版局50年史』（朝日新聞社出版局、1989年）、岩川隆『ノンフィクションの技術と思想』（PHP研究所、1987年）が詳しい。

31

■ 第1章 戦前の週刊誌と連載小説

Column

週刊誌の歴史

今日の週刊誌の起点は、『サンデー毎日』『週刊朝日』の2誌の商業的な成功があげられるだろう。新たな出版企画の創出に加え、いつビジネス的に成功し、どのように定着したかというのも出版史研究の重要な視点だ。

戦前の日本では雑誌は月刊誌が主流で、「週」という概念が一般に定着していなかったこともあり、明治期に『団団珍聞』『サンデー』『太平洋』『日曜画報』、大正期になると『週』や週刊化した『東洋経済新報』など先行事例はあるものの、出版ビジネスとして成功した事例がなかった。

2誌の成功は、そうした危惧を過去のものとした。昭和10年代に内閣情報部（のち内閣情報局）が発行したプロパガンダ雑誌『週報』『写真週報』は週刊で発行されている。妹尾アキ夫「雑誌の話いろいろ」（『東京朝日新聞』1933（昭和8）年7月6日付5面）は、「もう十年たつたら単行本みたいな厚つぽい月刊がすたれて、軽快な週刊の時代になりはしないだらうか。週刊の方が連載小説をのせるに都合もいゝし、急速にうつり変る時代とテンポを合せて生々しい時事問題をそ上にのぼせることも出来る」と書いている。しかし、戦争などの用紙統制もあり、本格的な週刊誌時代は、昭和30年代の『週刊新潮』をはじめとする出版社系の週刊誌の成功まで待たないといけない。その後の発展は著しく、総合的なものに加え、マンガ、ファッション、情報誌など細分化し、週刊誌の領域は広がっていったのだ。

参考：新明正道「週刊雑誌論」（『東京堂月報』26-9、1939年）
　　　週刊誌研究会編『週刊誌』（三一書房、1958年）
　　　朝日新聞社編『週刊誌のすべて』（国際商業出版、1976年）

第2章

「アイドル」をめぐる
雑誌分析の実践と展望

田島　悠来

本 章 の 内 容

　昨今の出版動向を見れば、紙媒体の出版物の長期低調、若年層を中心に活字離れ
が久しく叫ばれている。一方で、定期的または単発で「アイドル」を扱う関連の雑
誌群が存在感を示しており、「アイドル誌」の範疇にとどまることなく雑誌のジャン
ル横断的に売上げに影響を及ぼしている。「アイドルと出版」に目を向けていくこと
は、今後の出版のあり方を考える上で示唆に富む。

　そこで、本章では、出版史研究の中でも、現代的な事象について論じるにあたっ
て、「アイドルと出版」というトピックに着眼する。出版史研究の視座から雑誌を研
究する手順をまとめた上で、筆者が行った「アイドル誌」分析のプロセスを実践例
として提示していく。そして、「アイドル」をめぐる現代的な事象を取り上げつつ、
「アイドルと出版」の新たな局面に目を配り、これからの展望を述べることで、出版
業界の今後に向け提言を示すこととしたい。適宜関連した文献・資料を紹介し、コ
ラムを盛り込んで解説を試みることで、「アイドルと出版」に興味を抱く大学生や初
学者の研究実践へとつながることを期待する。

■ 第2章 「アイドル」をめぐる雑誌分析の実践と展望

第1節

なぜ「アイドルと出版」なのか
―アイドル関連雑誌の可能性―

---

1. 昨今の出版動向

出版不況が叫ばれて久しい。『2018年版出版指標年報』（全国出版協会）によれば、2017年の出版物（書籍・雑誌合計）の推定販売額は1兆3,701億円（前年比6.9%減）で、13年連続のマイナスとなっており、減少幅も過去最高のものとなった（**表2-1**）。中でも、雑誌の状況は特に厳しく、推定販売額は6,548億円（前年比10.8%減）と初めて二桁減少となっている。内訳を見ると月刊誌が5,339億円（前年比11.1%減）、週刊誌が1,209億円（前年比9.2%減）と、いずれも書籍（前年比3.0%減）に比べ落ち込みが著しい。休刊点数（107点）が創復刊点数（69点）を上回っており、雑誌の数も減少の一途をたどっている。

以上から、昨今は、「雑誌が売れない時代」または「雑誌を買わない時代」であると考えられるわけだが、これは同時に、「雑誌が読まれない時代」であることを意味している。『読書世論調査・学校読書調査2018年版』（毎日新聞社、以下

表2-1 『出版指標年報』に見る2017年の出版産業データ

		〔億円〕	前年比〔%〕	占有率〔%〕	雑誌の内訳	
紙	書籍	7,152	97.0	44.0	総合	6,548 億円
	雑誌	6,548	89.2	41.1	前年比	89.2%
	紙合計	13,701	93.1	86.1		
電子	電子コミック	1,711	117.2	10.8	月刊誌	5,339 億円
	電子書籍	290	112.4	1.8	前年比	88.9%
	電子雑誌	214	112.0	1.3		
	電子合計	2,215	116.0	13.9	週刊誌	1,209 億円
紙＋電子	紙＋電子合計	15,916	95.8	100.0	前年比	90.8%

第1節　なぜ「アイドルと出版」なのか

表2-2　「読書世論調査・学校読書調査」に見る読書傾向

1日の読書時間		年代別の読書時間		1日のメディア接触時間	
全体	1時間2分	10代後半	25分	新聞	25分
男性	1時間5分	20代	30分	ラジオ	41分
女性	59分	30代	30分	テレビ	181分
書籍	51分	40代	34分	漫画	9分
雑誌	38分	50代	38分	ビデオ/DVD	34分
週刊誌	30分	60代	46分	インターネット	84分
月刊誌	29分	70代以上	56分		

「読書世論調査」）では、書籍・雑誌、新聞、ラジオ、テレビ、漫画、ビデオ・DVD、インターネットそれぞれについて「1日のメディア接触時間」に関する調査が行われている（**表2-2**）。これによると、書籍・雑誌の1日の読書時間は平均1時間2分（前年は1時間8分）であり、接触時間が減少傾向にあることがわかる。書籍・雑誌別では、書籍51分に対して、雑誌は38分と書籍を下回り、雑誌に限るとさらに「読まれていない」ことが顕著である。年代別には、50代（38分）、60代（46分）、70歳以上（56分）に対して、10代後半（25分）、20代（30分）、30代（30分）となっており（ただし、これはいずれも書籍を含めた数字）、若年層ほど読書時間が短い。まさに「雑誌が読まれない時代」であることがデータとして示されているのである。

　これらの出版にまつわる調査結果を見ると、出版物が置かれた状況は芳しいとは言えず、今後ますますこうした傾向が強まることが大いに見込まれる。「読書世論調査」では、新聞についても「読む」人が長期低落傾向にあり、10代後半から30代の若年層ほど「読まない」傾向にあると指摘されていることから、これは書籍・雑誌に限った話ではなく、活字全般に及ぶ問題となっている。一方で、「読書世論調査」において言及されているように、若年層のインターネット接触時間は長く、インターネットを通じて情報収集や各種メディア・コンテンツを受容している。こうしたメディア接触の実態を裏付け、また後押しするのがオンライン上のコンテンツの充実であり、アナログからデジタルへという媒体形態の変容である。近年、電子出版の市場規模が拡大傾向にあることが示すように、書籍・雑誌においてもコンテンツのデジタル化が進行している。

　こうした動向に鑑みて、出版メディアの将来は決して楽観視できるものはな

■ 第2章 「アイドル」をめぐる雑誌分析の実践と展望

く、現在は「雑誌が売れない時代」「雑誌を買わない時代」「雑誌が読まれない時代」であること自体否定はできないが、これはアナログ（紙媒体）のコンテンツとして出版物を捉えた場合の見方であり、これをもって「若年層が活字文化に触れなくなってしまった」と嘆くのはいささか短絡的であろう。

2. 「アイドル」関連雑誌の可能性

このような時代にあって存在感を示しているのが、「アイドル」関連雑誌である。ここでの「アイドル」関連雑誌とは、次の三つからなる。第一に、『Myojo』（集英社、1952年創刊）や『POTATO』（学研プラス、1984年創刊）、『duet』（ホーム社、1986年創刊）といった若年層の女性ないし「アイドル」ファンを主な読者として想定し、創刊から現在に至るまで長期的に刊行を続けている老舗の「アイドル誌」。第二に、人気のある「アイドル」を表紙に起用したり、単発の企画・特集等で「アイドル」を取り上げたりと、元来「アイドル誌」というカテゴリーに必ずしも当てはまらないながらも「アイドル誌」さながらの様相を示している雑誌群。第三に、ここ最近新たに発刊された「アイドル誌」。

たとえば、まずは老舗の「アイドル誌」について言えば、一般社団法人日本雑誌協会がホームページ上で公開している雑誌の印刷部数公表において、2018年4月〜6月期（執筆時における最新データ）の1号あたりの平均印刷部数が、『Myojo』18万8,333部、『duet』8万部、『POTATO』6万7千部となっているが[注1]、特に『Myojo』は、『2018年版出版指標年報』の中で「前年同期比0.1%増の19万9千部と前年並みを維持。嵐を表紙に起用し、ジャニーズ Jr.のデータピンナップを付けた2018年10月号は大幅に増数し、売れ行きも良好だった。」[注2]と指摘されるように、出版不況のただ中で発行部数の面で健闘していると言える。これらの雑誌は、「読書世論調査」で学校に通う年代の女子に長年読まれている実態が明らかとなっている[注3]。つまり、一定の読者を獲得、なおかつ、より若い読者を再生産し続けている様子が浮かび上がる。

注1　https://www.j-magazine.or.jp/user/printed/index/41/17　2018年8月29日閲覧。
注2　『2018年版出版指標年報』（公益社団法人全国出版協会、2018年）p.182。
注3　たとえば、「学校読書調査2018年版」の「ふだん読む雑誌」において、『Myojo』は小学6年生では13位、中学1年生8位、2年生4位、3年生4位、高校1年生5位、2年生6位、3年生7位にそれぞれランクインしている。

第1節　なぜ「アイドルと出版」なのか

　そして、特筆するべきは、これら以外の雑誌の動向である。『2018年版出版指標年報』では、出版市場の落ち込みが伝えられる一方、「人気アイドルが登場した号など単発で売れる」[注4]、「女性アイドル誌の創刊も目立った」[注5]、「アイドルを特集した不定期誌の刊行が目立つ」[注6]など、「アイドル」への言及がたびたび見られる。ここで具体的には、欅坂46を特集したテレビ情報誌や、主演映画の公開に合わせて頻繁に特集が組まれた嵐の大野智関連の映画情報誌が例に挙げられている。加えて、AAA（トリプルエー）を表紙に起用し特集したことで史上初の増刷になった『CanCam』（小学館）2017年4月号[注7]や、乃木坂46の白石麻衣を特集し白石の原寸大の眉プレートを付録にして完売した『Ray』（主婦の友社）2017年11月号も注目されており[注8]、「アイドル」の雑誌への登場は、自身の活動と直結すると言える情報誌の範疇に今やとどまることはなく、ファッション誌などジャンルを横断し、それらの雑誌の売上げにも影響を与えている。

　また、2016年8月に『BRODY』（白夜書房）、2017年5月に『アイドルヴィレッジ』（メタ・ブレーン）、7月に『BIG ONE GIRLS』（近代映画社発行/ジャパンプリント発売）と、AKB48グループ（以下「AKB」）や乃木坂46・欅坂46の坂道シリーズ（以下「乃木坂」、「欅坂」）を中心に女性アイドルに特化した「アイドル誌」の創刊が相次いでいる。出版不況の煽りを受けて休刊に追い込まれる雑誌が後を絶たない、いわばリスクを背負いながらの創刊ラッシュから、出版業界の「アイドル」に対する期待値の高さをうかがい知ることができる。

　以上から、「アイドル」関連雑誌は出版の動向と深く関わり、"「アイドル」を扱えば雑誌が売れる"状況にあると言え、今後の出版のあり方を考える上でも示唆に富む可能性を多分に有している。そこで、本章では、まず出版史研究の視座から雑誌を研究するにはどのような準備が必要であるのか整理（第2節）した上で、「アイドル誌」に焦点を絞り、雑誌を分析する実践例を紹介しつつ（第3節）、「アイドルと出版」について、これからの展望を述べること（第4節）にしたい。

注4　前掲（注2）、p.31。
注5　前掲（注2）、p.32。
注6　前掲（注2）、p.180。
注7　前掲（注2）、p.163。
注8　前掲（注7）、同上。

■ 第2章 「アイドル」をめぐる雑誌分析の実践と展望

第2節

雑誌を研究する際の準備
—何について、なぜ、いつ、誰が、どこで、調べるのか—

1. 何について、なぜ、調べるのか

　「雑誌を研究する」と一口に言ってみても、その方法は多種多様であり、研究・調査者自身の関心に従って決定していくものとなる。以降、ここでは、雑誌を分析していくことが研究の中核を担うケースを想定して話を進めていく。

　はじめに決めていくのはどの雑誌について調べていくのか。ある特定の雑誌一誌に絞る場合もあれば（たとえば、『Myojo』について）、もう少し範囲を広げて特定の雑誌ジャンル（たとえば「アイドル誌」について）を調べることもあろう。

　雑誌全般について調べようとする場合もあるだろうが、一人の人間が限られた時間の中で遂行できる作業量には限りがあるため、研究の方法や分析の手法を工夫することが求められる。

　同時に設定していくのが、なぜその雑誌について調べようとしているのかである。もちろん、「この雑誌が気になる」「この雑誌が好きである」という個人的な興味から分析を試みようと考えることもあり、それ自体否定されるべき動機とも言い切れないが、“単なる趣味・嗜好を越えて、問題意識を持ちながら分析にあたる姿勢を持つことこそが、学術的な研究である”ことに自覚的になる必要はあると筆者は考えている。たとえば、「この雑誌が好きである」のならば、なぜそのように感じるのか、また、自分自身が「好きである」と感じるのであれば同じような感覚を持つ人が社会には存在し、その人数が多い可能性もあり、その場合には、「なぜこの雑誌は多くの人々の心を捉えているのか」や「なぜ売れているのか」というような個人的な見解を超越した社会的な問題設定

38

へと転換していくこともできよう。

　次に、その雑誌の何について調べるのか。雑誌の内容（＝中身）について調べるのか、それとも、雑誌が作られ、流通し、消費されるプロセスについて調べるのか。より細かく言えば、雑誌の内容（＝中身）について調べるにしても、雑誌の表紙やグラビアページをはじめ、図像（写真やイラストで描かれたもの）を対象にするのか、インタビュー記事やライターによって書かれた記事といった文章を対象にするのか、読者により投稿されたもの（イラストや文章）を対象にするのか。さらには、近年の雑誌には女性ファッション誌を中心に付録が添付されているものが多くあり、また先述のとおりデジタル化の進展に伴い電子化された形態のコンテンツも存在するため、これらを対象化することも視野に入るようになっている。いずれにしても、分析対象をどこに定めるのかは資料収集や作業時間にも直に関わる事項であるため、できる限り予め明確にしておくことを推奨する。

2. いつ、誰が、どこで調べるのか

　そして、いつの時期・時代の雑誌について調べるのか。一冊の雑誌のある号（たとえば、『Myojo』2018年10月号）というように、極めて限定的に対象時期を設定することもあり、特に大学生の授業内のレポートやゼミでの課題発表等ではこういったケースが多くあろう。ただ、雑誌の移り変わりを詳らかにすることを主眼とする出版史研究の視座に立つと、特定の雑誌やジャンルについて、より長いスパンでの調査が必要となってくる。その際にも、一定の期間に絞って調査する場合もあれば、たとえば、創刊号から現在までというような、より長い期間を想定した調査の場合もある。前者は、ある同一の時期において現れる共通した特徴やその期間内での差異や変化に目を向けていく共時的なものの見方、後者は時間の流れの中での変化に目を向けていく通時的なものの見方という違いがある。これは、研究・調査者の問題意識や明らかにしたい事柄が何であるのかに応じて選択がなされるものとなる。

　調べる雑誌の期間を決める際に意識するべき事項として、誰がその雑誌を研究していくのかということが挙げられる。出版史研究でよく起こりうるのは、研究・調査者自身、調べる雑誌が刊行されている時期・時代においてタイムリー

第2章 「アイドル」をめぐる雑誌分析の実践と展望

にその雑誌には触れていないことである。つまり、そもそも生まれていなかったり、雑誌がターゲットにしている読者層ではなかったゆえに、日常生活で手にとる機会がなかったりすることが往々にしてある。

これは、出版史研究が過去の資料と向き合うことを前提とした研究領域であるがゆえに発生するもので、歴史研究同様、避けがたい事態であるわけだが、比較的新しい現代の雑誌を研究していく際には注意するべき点がさらにある。研究・調査者自身はそうではなくとも、その雑誌になじみのある人々が存在しているため、「私はその雑誌を読んでいた世代なので私のほうが研究・調査者よりもその雑誌のことを知っている」というような意見を頂戴することがままあるのである。むろん、その時代を生きた人のみが知りうる情報や感じ取ることができる空気感のようなものもあるが、翻って、その時代を雑誌とともに生きていなかったからこそ見えてくるもの、気づきもある。現代の雑誌を出版史研究の視座から分析していく上で、その双方の視点が必要であると考えられるが、これについては後ほど詳述することにしよう。ここで強調したいのは、研究・調査者がいずれの視点に立っているのかを意識しておくべきなのではないかということである。

最後に、どこで雑誌を調べていくのか。調べようとしている雑誌がどこに所蔵・保管されているのかである。一般的に、何か調べ物をする際に用いられる施設の代表としては図書館、大学生にとっては大学図書館が挙げられる。ただし、中にはこうした施設に所蔵されていない雑誌もあり、週刊誌や情報誌、ファッション誌といった大衆的で娯楽要素の強い雑誌は所蔵されづらい傾向にある。所蔵されている場合にも、創刊号からのバックナンバーすべては揃っていないことのほうが多いため、事前に情報を入手しておく必要がある。所蔵・保管している場所がまったくないとなると、物理的に研究が不可能になるので注意してほしい。

以上、「雑誌を研究する」ための準備段階として、【何を/何について（What/about）】、【なぜ（Why）】、【いつ（When）】、【誰が（Who）】、【どこで（Where）】、という、いわゆる5Wを明らかにしておくことが重要となる。

40

第3節　雑誌を分析する手法とその実践例

第3節

雑誌を分析する手法とその実践例
―『明星』を事例に―

1.　「アイドル誌」を分析する動機と手順

　「雑誌を研究する」際に考えなければならない最重要なこととして、どのように分析するのか（How）、すなわち、分析の手法がある。第2節を踏まえつつ、本節では、筆者が行った「アイドル誌」の分析を実践例として紹介する。

　まず、筆者はこれまで、『明星』（現・『Myojo』）を中心とした「アイドル誌」を研究の対象として選出し、分析を試みてきた【何を】。それは、今や日本を代表するポピュラーカルチャーの一つに数えられる「アイドル」文化が生まれ、社会に根付いていくにあたって、「アイドル誌」が大きな役割を果たしたのではないかという問題意識から出発している【なぜ】。日本において「アイドル」文化が生まれてきたと考えられているのは1970年代であるが、この時期に発行部数においてもまた同時代を生きた人々の感覚としても時代を代表し、象徴する雑誌と位置づけられたのが、集英社が刊行する『明星』であった。

　そこで、まず、1970年代の『明星』、具体的には、1971年9月号から79年12月号までの時期に絞り【いつ】、表紙（図像）およびカラーグラビアページの記事（文章）、読者により投稿されたイラストや文章で構成される読者ページについて分析した【何について】。次に、『明星』の通史にも目を向けていきたいという意図から、創刊号から2015年9月号までも分析対象とし、同じ「アイドル誌」ジャンルに該当すると考えられる他誌も分析対象として加えた。そうすることで、時代による変化や他との比較を抽出しようとしたのである。共時的な見方から通時的な見方へつなげていくことを意識して分析対象を拡張していったとも言える。

■ 第2章 「アイドル」をめぐる雑誌分析の実践と展望

　『明星』は一般的な図書館（公共図書館や大学図書館）には所蔵されていないため、分析にあたり資料を閲覧できる施設を探すところから始めなければならなかった。情報収集の結果、国立国会図書館（本館および関西館）、公益財団法人大宅壮一文庫での所蔵を確認、閲覧可能であることがわかったが、いずれの施設もすべての資料が保管されているわけではないことも判明、並びに居住地域による制限もあって（筆者は研究遂行時、関西圏に在住）、これら複数の施設を横断的に利用しながら分析を進めることにした。また、幸いなことに発行元である集英社の編集部でもバックナンバーが保管されており、編集者の方々と相談、交渉のもと利用を許可されたため、ご厚意に甘え活用させていただくことにした【どこで】。

2. 分析の手法

　先述のとおり、ここまでのところ分析の対象としたのは、雑誌の表紙、記事といったいわば内容（＝中身）ということになる。雑誌をはじめとしたマス・メディアやマス・メディアを介したコミュニケーションに関する研究において、その内容を分析する際に用いられる最たる方法は、定量的な分析方法としての「内容分析（content analysis）」である。当該分野の研究において主流を成してきた方法論として、雑誌の分析においても幾度となく対象雑誌のジャンルを越えて援用されてきたものの、1990年代頃からその限界や課題も批判的に論じられるようになった。つまり、情報データを数量化し、統計的手法を駆使して推論を加えるという内容分析のみでは、メディアが発する多様なメッセージを十分に捉えることは不可能なのではないかとの疑問が投げかけられるようになったのである（⇒ Column①）。

　そこで、着目されたのが、メディア・メッセージの質的な側面をより重視する「言説分析（discourse analysis）」という手法であり、筆者が『明星』をはじめとした「アイドル誌」を分析する際に用いた分析手法でもある。

　言説分析は、ヨーロッパにその起源を持ち、批判的言説分析（critical discourse analysis）として定着を見る。社会事象や「事実」と呼ばれるものが、さまざまな人の言い方、話し方によって初めてつくられていくという社会構築主義の立場に依拠した理論枠組みに則っている[注9]。基本的な方針は、「言説の成立を他の

42

言説との関わりで追跡すること」、「そのさい、社会の変化を考慮に入れること」であるとされている[注10]。

> ## Column ①
>
> ### 内容分析
>
> 　社会科学における「内容分析」について、橋元良明「メッセージ分析」（高橋順一・渡辺文夫・大渕憲一編『人間科学研究法ハンドブック』ナカニシヤ出版、1998年）では、B.ベレルソンを引きながら、（ⅰ）分析対象が明示的な内容であること、（ⅱ）分析が客観的であること、（ⅲ）分析が体系的であることという三つの条件を満たす必要があると説かれている。ここでは、分析対象は観察可能で具体的な形をとったものであり、分析者や分析時期が異なっても同じ結果が出る「再現可能性」が保証でき、分析単位が明確で、一定の分類・判断基準によって分析作業が行われることが求められている。内容分析に関しては、この他に、日高昭彦「内容分析研究の展開」（『マス・コミュニケーション研究』64、2004年）、有馬明恵『内容分析の方法』（ナカニシヤ出版、2007年）等を参照されたい。また、内容分析を実際の雑誌分析に援用した研究として、女性雑誌を対象とした井上輝子・女性雑誌研究会『女性雑誌を解読する —COMPAREPOLITAN 日・米・メキシコ比較研究』（垣内出版、1989年）、男性雑誌を対象とした辻泉「男性ファッション誌を解読する内容分析からみた男性文化の特徴」（藤田結子＋成実弘至＋辻泉編『ファッションで社会学する』有斐閣、2017年、図2-1）等がある。特に辻（2017）においては、合わせて「内容分析のすすめかた」（pp.83–89）として詳しい手順の説明がなされているため、大変参考になる。
>
>
>
> 図2-1

注9　岡井崇之「言説分析の新たな展開 —テレビのメッセージをめぐる研究動向」（『マス・コミュニケーション研究』64、2004年）、ノーマン・フェアクラフ著、日本英語学会メディア英語談話分析研究分科会訳『ディスコースを分析する社会研究のためのテクスト分析』（くろしお出版、2012年）。
注10　岡本朝也「文化の変遷への視座 —構築主義と言説分析」（南田勝也・辻泉編『文化社会学の視座』ミネルヴァ書房、2008年）。

■ 第2章 「アイドル」をめぐる雑誌分析の実践と展望

　他方、「テクスト[注11]の正しい"解釈"はない」という前提のもと、その解釈は分析者に委ねられ、独自の分析枠組みは有さないと言われている。つまり、内容分析が定量的分析であるならば、言説分析は定性的分析であり、文字によって書かれたものや人によって発せられた言葉、文献資料やテレビの発話を分析者自身が定めた枠組みに従って分析していく比較的自由度の高い手法であると言える。また、「言説分析はしばしば歴史的な探究となる」[注12]と指摘されるように、社会の移り変わり、他のテクストとの相互作用（これを間テクスト性と言う）を視野に入れた考察が要求される分析手法でもある。

　以上から、言説分析は、出版の歴史的な探究を第一義とする出版史研究と親和性が高いものであると言え、出版史研究への援用の可能性が期待できるものである。ここから、筆者は、これまでの「アイドル誌」をめぐる研究、中でも『明星』を調べていくにあたり、言説分析を用いてある一定の期間の中で特定の雑誌が発するメッセージがいかなるものであり、そのことが当該時期の日本社会においていかなる意味を持っていたのかを論じてきた。

3. 言説分析の実践例

　独自の枠組みを持たないとは言いつつも、言説分析には大きく分けて二つの代表的な捉え方がある。第一に、言説の秩序の構造分析（以下構造分析）、第二に、テクストと相互作用の分析（以下相互作用の分析）がこれにあたる[注13]。構造分析は、ミシェル・フーコーの言説の秩序の概念[注14]によるもので、テレビ、ラジオ、新聞といった媒体のジャンルごとに異なる固有の言説の在り様、変容の過程を捉えようとする手法である。

　ここでは、言説の秩序は安定的で永続的なもの、つまり、時代を超えて構造化されたものであると見なされているのに対し、相互作用の分析[注15]では、テク

注11　ここでの「テクスト」とは、多種多様なメディアで伝達される文字、音声、映像であり、それを第三者の立場から客観的に捉えたものである。詳しくは大石裕『コミュニケーション研究第3版 ―社会の中のメディア』（慶應義塾大学出版会、2011年）、橋元良明「メッセージ分析」（高橋順一・渡辺文夫・大渕憲一編『人間科学研究法ハンドブック』ナカニシヤ出版、1998年）を参照のこと。

注12　前掲（注10）。

注13　前掲（注9）。

注14　M.フーコー著、中村雄二訳『言語の表現の秩序 改訂版』（河出書房新社、1981年）。

ストが置かれた社会的文化的な文脈（コンテクスト）に応じて、言説の秩序は断続的に変化する可能性を持つことがより意識されている。すなわち、言説の実践は、コンテクストと相互に関連し合うという捉え方がなされているのである。そのため、相互作用の分析では、テクストの分析だけではなく、そのテクストが生産、流通、消費する（言説実践）場の分析、さらには、そうした場やテクストフレームが形成される社会・文化的実践の分析を行うことも要求されている。

　筆者は、「アイドル誌」を分析する際に、言説分析の手法を用いる上で、テクストと社会的的の変化の関連性を浮かび上がらせていくため、相互作用の分析という立場をとることにした。その際、次の三段階に分けて分析を遂行した。

　まず、①雑誌の記事や投書（＝テクスト：書かれたもの）の分析、次に、②編集者へのインタビューからの考察（話されたものの分析を通じたテクスト生産という言説実践の場への着目）。そして、③そのテクストが発信された時代に関する社会調査（統計資料や読書調査も含む）、先行研究の確認（言説実践やテクストフレームを形成する社会・文化的実践の分析）注16の三つである。

4. 見えてきた課題と乗り越え方

　以上の実践過程でいくつかの課題に直面した。まず、発信された時代の異なるテクスト同士を同列に扱っていいのかという問題である。筆者が研究の対象としたのは、『明星』、特に、1970年代のテクスト（書かれたもの）が中心であったが、それに対して、インタビューによってもたらされるのは、その時期に編集に携わった編集者が当時のことを回顧しての発言に基づいたテクスト（話されたもの）である。つまりは、ともに1970年代というコンテクストを表すテクストではありながら、それが生成される時代は、1970年代、2010年代（インタビューは2012年に実施した）と、それぞれ異なっている。言うならば、両テクストは別のコンテクストの上に成立している可能性があるということになる。

　加えて、そうしたテクストに対して、当の分析者自身は、どのような立ち位置にあるのか。前節で意識する必要性を述べた【誰が】という部分である。そ

注15　相互作用の分析については、前掲注9および大石裕「日本のジャーナリズム論の理論的課題」（田中宏・大石裕編『政治・社会理論のフロンティア』慶應義塾大学出版、1998年）。

注16　この分析結果の詳細については、田島悠来『「アイドル」のメディア史 ―『明星』とヤングの70年代』（森話社、2017年）を参照いただきたい。

■ 第2章 「アイドル」をめぐる雑誌分析の実践と展望

してこれは、分析者の解釈に負う部分が大きいという先述の言説分析の特性を踏まえるならば、この分析手法自体に内包された課題とも言える。

では、こうした課題をどのように乗り越えていけばいいのだろうか。まず、発信された時代の異なるテクストの取り扱いについては、歴史学の領域において確立されてきたオーラル・ヒストリーや、社会学の領域において市民権を獲得しつつあるライフ・ヒストリーという手法が示唆的であろう（⇒Column②）。

両者には目的や研究対象の違いがあるものの、いずれも、インタビュー法による質的研究が追求されており、同じくテクストの質的側面を重視した分析を行う言説分析の手法に応用できる点や共通の問題も多く含まれている。ここで、しばしば指摘されている問題点として以下が挙げられる。

インタビュー対象者の話について多かれ少なかれ不明確さ（事象の年代の違いや一つの事柄と他の事柄との混同等）が付きまとうこと。また記憶のもとになった同一時点での共通した経験や見聞でも、人によって極端に異なったものになる場合があること。そして、「人間は絶えず新しい状況の下で自己の過去というものを再整理して、それによって自己の再確認をしながら生きている」ため、「思い出された過去はしばしばその人にとって今日的価値に強く影響されて、変形し、解釈をし直され、不都合な部分は記憶から排除される可能性がある」[注17]と述べられるように（これは対象者の個人的な性質からくる問題なのではなく、往々にしてどの対象者にも起こりうるもの）、対象者が物事を現代的なコンテクスト上に読み替えて語る傾向にあること。

こうした問題点について思いをめぐらす時、雑誌とともに生き「雑誌をすでに知っている者」と、研究・調査者として「これから雑誌について知っていく者」双方の視点が必要であることの意味を改めて考えるのではないだろうか。もちろん、「知らない」からこそ調べようとするのであり、「知っている」人の声を拾うことによる恩恵は多大である。

だが、「知っている」ことは客観的な事実であることと決して同義ではなく、インタビューによって話されたテクストは、ともすればその場に居合わせるインタビュアー（研究・調査者）とともに、今ここで再構成されていく現実である可能性すらある。このことを念頭に置けば、まずは「知っている」という感覚

注17　伊藤隆「歴史研究とオーラルヒストリー」（法政大学大原社会問題研究所編『人文・社会科学研究とオーラル・ヒストリー』御茶の水書房、2009年）p.18。

がはらむ先入観から離れ、テクストをフラットに読み解こうとする試みに身を投じてみるよう努めるべきであろう。

Column ②

オーラル・ヒストリー／ライフ・ヒストリー／ライフストーリー

オーラル・ヒストリーやライフ・ヒストリー、ないし、ライフストーリーに関しては、中野卓・桜井厚編『ライフヒストリーの社会学』（弘文堂、1995年）、桜井厚『インタビューの社会学 ―ライフストーリーの聞き方』（せりか書房、2002年、図2-2）、桜井厚・小林多寿子編『ライフストーリー・インタビュー ―質的研究入門』（せりか書房、2005年）、御厨貴編『オーラル・ヒストリー入門』（岩波書店、2007年）、法政大学大原社会問題研究所編『人文・社会科学研究とオーラル・ヒストリー』（御茶の水書房、2009年、図2-3）をはじめとして、数々の関連書籍が刊行されている。

桜井（2002）では、ライフ・ヒストリー法には、①実証主義、②解釈的客観主義、③対話的構築主義の三つのアプローチがあると指摘されており、江頭説子「社会学とオーラル・ヒストリー」（法政大学大原社会問題研究所編『人文・社会科学研究とオーラル・ヒストリー』（御茶の水書房、2009年））では、桜井らの研究成果を踏まえつつ、社会学領域におけるライフ・ヒストリー、歴史学領域におけるオーラル・ヒストリーの違いについて述べられている。それぞれについての歴史や現状、課題等を整理していく過程で、ライフストーリーは、①構造主義、②社会構築主義という二つの立場に分かれると指摘されている。より詳細はこれらの文献を参照のこと。

図2-2

図2-3

図2-4　　　　　　　　　図2-5

　次に、研究者の立ち位置の明示について、考えうる対処策としては、まずは、その研究者が明らかにしたいことを明確化し、それに基づいて設計したプロセス（分析の過程）をオープンにしていくことが不可避であろう。そうすることで研究者の問題意識をより顕在化させることとなり、どのような視点で研究を遂行しようとしているのかを他の者に示すことにもつながる。その際の参考文献として、藤田真文・岡井崇之編『プロセスが見えるメディア分析入門 コンテンツから日常を問い直す』（世界思想社、2009年、図2-4）や牧野智和『自己啓発の時代 ―「自己」の文化社会学的探究 』（勁草書房、2012年、図2-5）などが挙げられる。
　以上は必ずしも言説分析の手法を用いたものではないが、いずれもこうした課題を克服するための示唆に富んだ文献である。

第4節 これからの展望

第4節

これからの展望
―越境する「アイドル」文化の捉え方―

1. 「アイドル」文化の現代的な様相

　前節では一通り「アイドル誌」を分析する実践例を紹介したが、最後に、「アイドルと出版」の新たな展開に目を向けることにより、出版の今後のあり方について考えてみたい。第1節で述べたように、「アイドル」関連雑誌は今や筆者がこれまで分析対象としてきた従来の「アイドル誌」の範疇を越え、出版業界に影響を与えている。"「アイドル」を扱えば雑誌が売れる"状況にあると言えるが、これには現代の「アイドル」文化の様相が関係している。

　まず、AKBをはじめ女性アイドルの人気が高まり数々のグループが結成され、「アイドル戦国時代」の名のもとに「アイドルブーム」が2010年代頃から巻き起こっている。ここ最近、女性アイドルを取り上げる「アイドル誌」（女性アイドル誌）の創刊が相次いでいるのもこのブームの延長線上に位置づけられよう。

　こうした「アイドルブーム」の中で「アイドル」としてファンに受容されるのは、「歌っておどる日本のアイドル」だけではなく、多様な領域に範囲を拡大させている。たとえば、若手の役者やスポーツ選手、アニメ声優、YouTuber[注18]から、マンガやアニメのキャラクター、初音ミクのようなボーカロイド[注19]に至るまで、「アイドル」は生身の実体を伴わないヴァーチャルな存在、言い換えると、3次元（生身の実体を伴うもの）のみならず2次元（アニメやマンガ、ゲームの

注18　YouTuberとは、動画共有サイトYouTubeに専用のチャンネルを持ち、定期的に動画を配信している個人または団体のクリエイターの総称。

注19　ボーカロイドとは、ヤマハが開発した音声合成技術およびそれを利用した商品・コンテンツ群のこと。

49

■ 第2章 「アイドル」をめぐる雑誌分析の実践と展望

キャラクターやヴァーチャルリアリティ）にまで及んでいる。

　また、2000年代前半からの度重なる「韓流ブーム」の波の中で、2010年代に入り、韓国の若手歌手（K-POP）への関心も高まっていっている[注20]。

　それぞれに関連した雑誌が刊行される中、特に声優に関しては、1990年代から季刊誌に始まり、アニメ情報誌を刊行する出版社を中心として定期刊行されてきたが、2010年代になると、『声優JUNON』（主婦と生活社、2014年〜）、『声優男子。』（ぴあ、2015年〜）、『声優MEN』（双葉社、2015年〜）と、それ以外の出版社からMOOK本[注21]がたびたび刊行されている。これらは表紙やグラビアを中心とした誌面を見るにつけ、『Myojo』などの老舗「アイドル誌」を意識していることがうかがえる。

　さらに、2015年には、赤塚不二夫の人気マンガ『おそ松くん』を現代のコンテクストに置き換え登場人物である六つ子の成長後の姿を描いたアニメ『おそ松さん』が放送され、人気を博し、出版業界にも絶大な効果が見られた[注22]。

　2017年に第二期放送がなされる際には、主人公の六つ子に扮する男性声優6人を表紙に起用した『ダ・ヴィンチ』（KADOKAWA）2017年11月号が発売直後に完売、異例の緊急重版がなされるといった事態が発生した[注23]。

　同じく、青山剛昌の人気マンガ『名探偵コナン』の男性登場人物の一人安室透を主人公とする劇場版アニメ『名探偵コナン ゼロの執行人』（2018年）の公開を記念して発売された『少年サンデーS』（小学館）6月号および7月号は、安室透を表紙に起用し関連付録を付けたことから完売し、同誌史上初の重版となる

注20　韓流については、毛利嘉孝編『日式韓流−『冬のソナタ』と日韓大衆文化の現在』（せりか書房、2004年）、水田宗子・長谷川啓・北田幸恵『韓流サブカルチュアと女性』（至文堂、2006年）、石田佐恵子・木村幹・山中千恵編『ポスト韓流のメディア社会学』（ミネルヴァ書房、2007年）、権容奭『「韓流」と「日流」—文化から読み解く日韓新時代』（日本放送出版協会、2010年）、鄭榮蘭『日韓文化交流の現代史 —グローバル化時代の文化政策：韓流と日流』（早稲田大学出版部、2017年）等が詳しい。また、筆者が黄馨儀・石田万実と2012年から2013年にかけて日本および台湾で実施した共同研究では、テレビドラマ『冬のソナタ』の日本放送が開始した2003年頃の「ヨン様ブーム」に端を発する第一波、K-POPの歌手に対する若年層の人気が高まり、K-POPアイドルに焦点を当てた雑誌が相次いで発刊する第二波という二つの波が確認できた。さらに、昨今は第三波が起こっていると見られている。たとえば、「第3次韓流ブーム　若い女性がK-Cultureにハマるワケ 来場者は過去最大」（日経トレンディネット、2018年5月2日、https://trendy.nikkeibp.co.jp/atcl/pickup/15/1003590/042401672/　2018年9月3日閲覧）。

注21　雑誌的書籍、書籍的雑誌のことで、mook=magazine + bookから。

注22　これについては、『2017年版出版指標年報』（公益社団法人全国出版協会、2017年）pp.185–186および山中智省・田島悠来・中川裕美「『おそ松さん』現象にみるアニメと雑誌の関係」（『出版研究』47、2017年）が詳しい。

注23　前掲（注2）、p.179。https://ddnavi.com/news/406155/a/　2018年4月30日閲覧。

50

第4節　これからの展望

「安室効果」が話題となった[注24]。これらの購買層の中心はいずれも女性である。

　こうした現象は、「アイドル」概念が3次元から2次元へと広がりをもっていっていることを如実に物語ると同時に、受容する側が「アイドル的なものの見方」をあらゆるメディア的な存在に向けていることの表れでもある。この「アイドル的なものの見方」とは、対象への熱量の大きさを意味しており、熱狂度の高さと言い換えることもできよう。具体的には、対象へ深い愛着を抱き、献身的で、情報や商品の収集能力に長けているという特性を持ち、それゆえ消費行動へと結びつく傾向にある。出版メディアについて言えば、「好きなアイドルの記事や写真が掲載された出版物はすべてくまなくチェックし、場合によっては複数冊同じ雑誌を購入する」態度として表出する。この特性こそが、デジタル化が進行し紙の出版物が苦境に立たされても"「アイドル」を扱えば雑誌が売れる"状況を引き起こしており[注25]、今後いかにこうした熱狂度の高い層を誘引することができるかが出版業界にとっては一つの鍵となろう。

2. 読者層の越境

　また、以上のような2010年代の「アイドルブーム」や「アイドル」概念の拡大は、「アイドルと出版」の新たな局面を指し示してもいる。

　1980年代以降、「女性アイドル誌」は男性向け、「男性アイドル誌」は女性向け、というように、「アイドル誌」は読者の性別ごとにカテゴライズされることでジェンダーによるセグメント化が行われてきた[注26]。

　それにより、「アイドル誌」は、異性の「アイドル」を性的な対象や擬似的な恋愛の対象とみる「アイドル」受容のあり方を構築し維持することに機能してきたのである。現代においてもこうした機能がまったく見られなくなったわけではなく、それは、『2018年版出版指標年報』における「男性読者をターゲットに、欅坂46をはじめ旬な女性アイドルのグラビアが好評」[注27]というような文言にも顕著に表れている。読者の実態はともかく、社会において「アイドルと

注24　https://www.oricon.co.jp/news/2112509/full/　2018年9月3日閲覧。
注25　特に「ジャニーズ」に関しては権利の関係でオンライン上でのメンバーの写真掲載が厳格に制限されており、紙媒体の特権性は高いと言える。
注26　田島悠来「日本の「アイドル誌」におけるジェンダー非対称性 ―読者ページの変遷の分析から― 」（『日本ジェンダー研究』19、2016年）。
注27　前掲（注2）、pp.180-181。

■ 第2章 「アイドル」をめぐる雑誌分析の実践と展望

は異性によって受容されるものである」というジェンダー観が固定化され根付いていることの証左と言える。

ただし、こうした「女性向け」「男性向け」という雑誌のセグメント化に昨今変化の兆しが見えている。たとえば、女性ファッション誌においては、「AKB」（当時）の篠田麻里子が2008年11月号から『MORE』（集英社）で専属モデルを務めたのを皮切りに、同じく集英社の『non-no』でも2015年6月号からは、乃木坂の西野七瀬、2017年6月号からは、欅坂の渡邉理佐が専属モデルに抜擢され、たびたび表紙にも起用されている。

先述のとおり、乃木坂の人気メンバーを起用した『Ray』が売上げを伸ばしたように、発行部数に貢献している部分もある[注28]。このように「女性向け」に同性である「女性アイドル」がモデルとして登場するようになったことは、「アイドル」をめぐる固定化されたジェンダー観の揺らぎとして捉えられるのではないだろうか。筆者が普段接する大学生たちに「好きなアイドルは誰か」という問いを投げかけると、女子大学生の中に乃木坂や欅坂、K-POPといったグループの同性メンバーの名前を挙げ、「憧れ」、「ファッションをお手本にしている」と口にする者が一定数存在する。受容のされ方の変化を裏付ける幾ばくかの根拠ともなるが、より精緻な実証に向けて、さらなる調査を実施する必要があろう。

また、『名探偵コナン』の「安室効果」に再度目を向けると、男性がメインターゲットとして想定された少年マンガ（誌）にもかかわらず、実際の消費の中核を担っていたのは女性であった。つまり、「アイドル的なものの見方」によって「男性向け」に「女性読者」が乗り入れ、読者層の性別カテゴリーに越境が起こったのである。

同様に、本来「男性向け」とされてきたジャンル、総合週刊誌、中でも新聞社系の『週刊朝日』（朝日新聞出版）、『サンデー毎日』（毎日新聞出版）の両誌において、2018年現在、芸能プロダクション・ジャニーズ事務所に所属する「男性アイドル」が頻繁に表紙を飾るようになっている（⇒Column③）。

「読書世論調査2018年版」の「1カ月に読んだ週刊誌」という質問項目への回

注28 乃木坂の白石麻衣は、2018年9月現在、資生堂化粧品ブランド「マキアージュ」のCMにおいてイメージキャラクターを務めているが、このことからも、女性に向けて「憧れ」を喚起し消費を促す役割が昨今の「女性アイドル」には求められていることがわかる。

答として、『週刊朝日』は男性女性ともに8位、『サンデー毎日』は男性女性ともに11位と同程度読まれていることがわかっている[注29]。ここにも「アイドル的なものの見方」による「女性読者」の乗り入れが見込まれる。

　読者層の越境は、普段そのジャンルの雑誌を読まないと考えられていた人々の関心をその雑誌へと向かわせ、早急に売上げを伸ばすという即時性に加え、長い目で見ても、潜在的な読者である人々の日常へその雑誌を組み込む可能性を秘めているのではないだろうか。

Column ③

「アイドル」関連雑誌の現状

　「アイドル」関連雑誌に目を向けてみると、スポーツ選手にまつわるもの（詳しくは田中東子『メディア文化とジェンダーの政治学 —第三波フェミニズムの視点から』世界思想社、2012年）から、YouTuber に特化した『Creator Channel』（コスミックMOOK、2015年〜）と、一つの雑誌ジャンルとして定期的に刊行されているものもあれば、単発の例も多数ある。

　『週刊朝日』『サンデー毎日』について、試しに直近3年分（2015年〜2017年）の全号の表紙を調査してみると、「ジャニーズ」が表紙に登場した回数が、『週刊朝日』は、2015年4回、2016年10回、2017年18回、『サンデー毎日』は、2015年5回、2016年5回、2017年12回と、増加している。以上のような雑誌について、網羅的、通史的に、誌面に関しさらなる分析を試みることで、興味深い知見が導き出せるのではないだろうか。

注29　『読書世論調査・学校読書調査2018年版』（毎日新聞社、2018年）p.27。

3. おわりに

　本章では、「アイドルと出版」という着眼点のもと出版史研究の視座から雑誌を分析する手順や手法を、実践例を交えて紹介し、これからの展望を述べた。冒頭で記したように、「アイドル」関連雑誌は現在の出版動向に深く影響を及ぼしており、今後の出版のあり方を考えるにあたり、「アイドル的なものの見方」をする熱狂度の高い層を読者として誘引することが必要なのではないかとの提案を行った。

　ただし、ここで注意するべきは、もともとの雑誌の内容や性質に「アイドル」がなじまない場合、その雑誌の性質が変わることを好まない読者から「アイドル」を扱うことに対して反感が持たれ、読者離れを引き起こす危険性があることであろう。本章では、「アイドル」の起用について積極的に評価する立場を一貫してとってきたが、必ずしも楽観視できるものではない点は留意したい。

　最後に、出版史研究として「アイドル」関連雑誌を分析の俎上に載せていく際に、「アイドル」文化の移り変わりを視野に入れつつ、「アイドル的なものの見方」がいつ、どのようにして、どのようなコンテクストのもとに定着していったのかが明らかになることを期待する。本章で紹介した分析枠組みがその一助となれば幸いである。

参考文献案内

①出版史研究として雑誌を分析する際におすすめ

　日本を代表する大衆娯楽系の雑誌に関しては、次の二冊が必読書である。

　『キング』(大日本雄辯會講談社、1925年創刊)については、佐藤卓己『『キング』の時代 —国民大衆雑誌の公共性』(岩波書店、2002年、図2-6)。

　『平凡』(凡人社→平凡出版、1945年創刊)については、阪本博志『『平凡』の時代 —1950年代の大衆娯楽雑誌と若者たち』(昭和堂、2008年、図2-7)。

　さらに、本章でも取り上げた『明星』については、田島悠来『「アイドル」のメディア史 —『明星』とヤングの70年代』(森話社、2017年、図2-8)がある。上記二冊と問題意識を共有し執筆したものである。

②「アイドル」を研究する際におすすめ

　日本の「アイドル」研究のパイオニア稲増龍夫『アイドル工学』(筑摩書房、1989年、図2-9)。「アイドル」の移り変わりを論じた太田省一『アイドル進化論 —南沙織から初音ミク、AKB48まで』(筑摩書房、2011年)。

　そして、「アイドル」の現在形については、香月孝史『「アイドル」の読み方 —混乱する「語り」を問う』(青弓社、2014年)、西兼志『アイドル／メディア論講義』(東京大学出版会、2017年)の二冊は押さえたい。

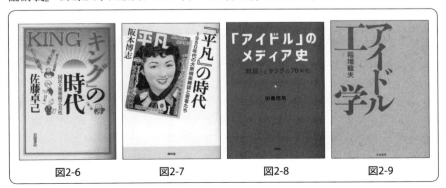

図2-6　　　　図2-7　　　　図2-8　　　　図2-9

■ 第2章 「アイドル」をめぐる雑誌分析の実践と展望

Column ④

「アイドル」のイメージに関するアンケート

　現代の日本の若年層が「アイドル」やそのファンについていかなるイメージを有しているのかを調べる目的で、筆者が勤務する帝京大学において2018年夏に「「アイドル」のイメージに関するアンケート調査」を実施した。実施時期・期間は2018年7月19日（木）および7月20日（金）の帝京大学の授業時間中に実施（社会情報論Ⅰおよびメディア発達史Ⅰ）、対象は授業を受講している帝京大学の学生、回答者数は268人であった。

　以上の結果について、本章と関連する項目のみ紹介したい。

　まず、回答者の属性は、約7割が男子学生であり、居住地は関東・甲信越が99％（266人）であるため、性別や居住地に偏りがみられることを念頭に置く必要がある。

　その上で、次に「「アイドル」ときいて思い浮かぶ人物あるいはグループを一人もしくは一組名前を挙げてください」という質問項目について、回答者のうち、異性の「アイドル」を挙げた人は全体の70％（188人）であることから、「アイドル」といえば、異性を思い浮かべる人が大半であると言える。

　一方で、その「アイドル」のファンであると回答した93人のうち、異性の「アイドル」を挙げた人は全体の75％（70人）であったが、同性は、男性7％（6人）、女性18％（17人）と少数であるものの、男性は「ジャニーズ」のみを、女性はAKBグループから韓国のアイドルや2次元のアイドルに至るまで多岐にわたり、男女で差がみられた。

　以上から、女性は同性「アイドル」のファンであることを公に口にしやすい環境があるのではないかとの推論が浮かび上がった。今後より精緻な調査を行っていきたい。

第3章

ライトノベルへのアプローチ

山中　智省

本章の内容

　若年層向けのエンターテインメント小説として知られている「ライトノベル」。日本の文庫市場で2割程度のシェアを占めるにとどまらず、今や海外諸国の出版市場にも進出を果たしているこれらの作品群に対して、ここ数年、出版業界の内外から多くの注目が集まっている。こうした中、本書の読者のなかには日常的な読書経験を通じて、あるいは、とりわけ2000年代以降に目立ち始めたライトノベルを対象とする批評や評論、学術研究の多様な成果を目の当たりにして、「自分もライトノベルについて研究してみたい！」と考えている方も少なくないだろう。

　とはいえ、ライトノベルをめぐる出版状況は現在、非常に複雑な様相を呈しており、それらを研究対象として扱っていくことは決して容易ではなく、前提知識の獲得を含むさまざまな下準備が不可欠である。ゆえに本章では、出版史研究の視座からライトノベルへとアプローチするための基本的な方法やスタンスを、実際の調査・分析の事例を交えながら確認していく。また、ライトノベルを調査・分析対象とした出版史研究がもたらす、今後の研究の可能性についても具体的に述べていきたい。

第3章　ライトノベルへのアプローチ

第1節

ライトノベルの市場と読者層
―近年の動向を中心に―

1. 出版状況と市場動向

　「ライトノベル（light novel）」の定義は諸説あるが、本章ではひとまず、「マンガ・アニメ風のキャラクターイラストをはじめとしたビジュアル要素を伴って出版される若年層向けエンターテインメント小説」と見なしておこう。そんなライトノベルは現在、角川スニーカー文庫、富士見ファンタジア文庫、電撃文庫といった文庫レーベルから刊行される作品群が主流を占めており、新作と既刊シリーズを含む毎月の刊行点数が数十点にのぼることも珍しくない[注1]。

　一方、近年では作品を文庫本に限らず、新書や四六判の単行本、あるいは電子書籍として刊行することに加え、「小説家になろう」（https://syosetu.com/）や「カクヨム」（https://kakuyomu.jp/）に代表されるウェブ上の小説投稿サイトでの公開・連載を経てから書籍化に至る事例も増えてきており、作品の発表・出版形態は年々、多様化の一途をたどりつつある。さらには、こうした発表・出版形態にとどまらず、作品の内容や主要ターゲットである読者層の違いに応じ、「キャラノベ」、「ライト文芸」、「新文芸」、「なろう系」等の名称でカテゴライズされたり、他／多メディアと連動したメディアミックスを伴う商品展開が頻繁に行われたりと、ライトノベルをめぐる出版状況は今や、その全容把握が一筋縄ではいかないほどに複雑な様相を呈している。

　続いて、ライトノベルの市場動向を確認すると、たとえば『出版月報』2018年

注1　刊行点数の調査には、『出版月報』（全国出版協会出版科学研究所）、『出版指標年報』（同前）、『出版年鑑』（出版ニュース社）などの統計資料が参考になる。また新刊情報のほか、各レーベルの刊行点数・作品のデータベースを公開している個人サイトとして「ラノベの杜」（http://ranobe-mori.net/）がある。

第1節　ライトノベルの市場と読者層

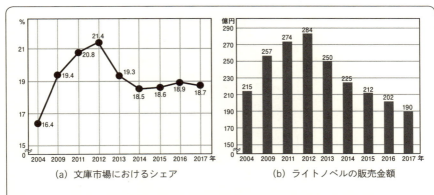

(a) 文庫市場におけるシェア　　(b) ライトノベルの販売金額

図3-1 文庫本の市場動向（『出版月報』2013年3月号および同誌2018年3月号に掲載された「文庫マーケットレポート」の報告データより）

　3月号掲載の「文庫本マーケットレポート2017」によれば、ライトノベルの主流である文庫本のシェアは文庫市場全体の18.7％にあたり、推定販売金額は190億円にのぼるという。なお、同誌にライトノベル市場の統計データが掲載され始めてからの数値の推移（図3-1）を見ると、近年は2012（平成24）年をピークとする縮小傾向が続いており、必ずしも堅調な状態とは言えないことがわかるだろう。
　とはいえ、未だ日本の文庫市場で2割近いシェアを占めている事実からすれば無視して良いものではないし、各種単行本や電子書籍などの分野を含めるなら、ライトノベルは依然として成長過程にあるとされている[注2]。また、ライトノベルは今や日本国内にとどまらず、北米やアジアをはじめとする海外諸国の出版市場にも進出を果たし、現地での翻訳出版も着々と進められていることから[注3]、マンガ、アニメ、ゲームと並ぶ"日本産"エンターテインメントとしての地位を確立しつつある。本章執筆時点までに見受けられた象徴的な事例としては、桜坂洋『All You Need Is Kill』（集英社スーパーダッシュ文庫、2004年）、川原礫『ソードアート・オンライン』シリーズ（電撃文庫、2009年～）のハリウッドにおける

注2　前掲『出版月報』2018年3月号では、「文庫のみに限定した市場は縮小しているが、アルファポリスやKADOKAWAの「新文芸」作品など単行本のライトノベルは好調であり、これらを合算すると市場はプラスとなる。ライトノベルのカテゴリーの多様化もあり、まだ成長している市場と言える。」（p.11）と報告されている。
注3　日本国外におけるライトノベルの翻訳出版の状況を報告した成果として、たとえば、大橋崇行・山中智省編著『ライトノベル・フロントライン1～3』（青弓社、2015～16年）収録の太田睦による連載「ライトノベル翻訳事情」がある。

■ 第3章　ライトノベルへのアプローチ

図3-2　海外でも高い人気を誇っている川原礫著／abecイラスト
『ソードアート・オンライン』シリーズ

映像化が記憶に新しいところだ（図3-2）。

　ゆえに、ライトノベルはもはや国内外を問わず、出版をめぐる新たなトピックやトレンドを生み出す可能性が高いため、今後も引き続き、その動静を注視すべきであると言えよう。

2. 若年層が親しむ小説の代表格

　ライトノベルが出版業界内で注目を集めるようになった大きな契機としては、2000年代中頃に到来した一連の商業的ブームを挙げることができる。2000年代初頭、いわゆる「出版不況」や「若者の活字離れ」が盛んに叫ばれていたなかにありながらも、ライトノベルは若年層を中心に読者を獲得し続けており、その市場は右肩上がりの成長を見せていた。折しも当時の文庫市場では、「読書推進が全国的なうねりとして拡がりつつある今こそ、若年層に向けた文庫を掘り起こし、原点である廉価な文庫をアピールすべきではないか」[注4]といった主張が

注4　「特集：文庫市場最新レポート　文庫市場は3年連続の前年割れ　既刊掘り起こしに各社取り組む」
　　（『出版月報』2002年3月号）p.8。

60

第1節　ライトノベルの市場と読者層

図3-3　商業的ブーム到来の嚆矢となった『ライトノベル完全読本』

見られたこともあり、ライトノベルの存在は、にわかに脚光を浴びたのである[注5]。そして、『ライトノベル完全読本』（日経BP社、2004年）、『このライトノベルがすごい！2005』（宝島社、2004年）といったガイド本（**図3-3**）の刊行を受けたムーブメントの形成、新興レーベルの相次ぐ創刊や刊行点数の増加などを追い風に、2000年代中頃～後半にかけて本格的なブームが到来する。

なお、その様子は業界の内外に関係なく、新聞・雑誌を通じてたびたび世間に報じられたことで、ライトノベルは若年層の新たな活字文化としても、社会的な認知度を急速に高めていった[注6]。以下は、2004年3月の『日経流通新聞』に掲載された紹介記事の一部である。

> 「ライトノベル」（light novel）と呼ばれる書籍が人気を呼んでいる。軽く読めるエンターテインメント小説のことだ。読者は主に10代から30代。200

[注5]　この背景には「オタク」を主要ターゲットとした出版市場への注目もある。当時の状況については、野村総合研究所オタク市場予測チーム『オタク市場の研究』（東洋経済新報社、2005年）や「特集：オタク出版の研究 市場規模は1638億円、出版全体の1割弱で ポイントは"キャラクター"をいかに創出するか」（『出版月報』2007年9月号）などを参照。

[注6]　詳細は拙著『ライトノベルよ、どこへいく ──九八〇年代からゼロ年代まで──』（青弓社、2010年）を参照。

61

■ 第3章　ライトノベルへのアプローチ

万部以上売れる作品も出てきている。背景にはコミック、ゲーム、アニメ
を同時並行的に消費してきた世代が台頭し、これまでにないジャンルの活
字文化が育ってきたことがあるようだ[注7]。

　一方で若年層の読者にみるライトノベルの読書状況は、学校等における読書
活動の推進を背景としつつ、「『朝の読書』の人気本調査」（朝の読書推進協議会）、
「読書世論調査」（毎日新聞）、「学校読書調査」（全国学校図書館協議会）などの結
果にも反映され、特に中・高校生を対象とする読まれた本のランキングでは、
調査当時の話題作が上位に名を連ねる状態が続くこととなった。これによりラ
イトノベルは「若者の活字離れ」が進むなか、若年層が親しむ小説の代表格と
して広く知られるようになったと同時に、下記の引用にあるとおり、彼らの「読
書の入り口」となり得る読書材としても注目を集めたのである。

　　表紙や挿絵にアニメ調のイラストを使い、読みやすく書かれた「ライトノ
　　ベル」（ラノベ）と呼ばれる小説が人気だ。毎日新聞社が全国学校図書館協
　　議会（全国SLA）と合同で実施した「第62回学校読書調査」で、ラノベを
　　読むかを尋ねると、小学生では「よく読む」「たまに読む」と答えた人は5
　　割。中学生で読む人は4割、高校生は3割に下がったものの、小中高ともラ
　　ノベ読者は本を多く読む傾向があった。専門家は「児童・生徒の読書の入
　　り口になっている」と分析している[注8]。

注7　「ブームの裏側 小説はライトに読む 漫画あり、アニメやゲームにも近い」（『日経流通新聞』2004
　　年3月4日号）。
注8　「第62回学校読書調査 ライトノベルが人気 おもしろい本 もっと」（『毎日新聞』2016年10月27日
　　号）。

第2節　ライトノベル出版史の捉え方

第2節

ライトノベル出版史の捉え方
─ "源流"から"最前線"まで─

1. "最前線"と"源流"とその"あいだ"

　さて、先に見た多様な発表・出版形態のもと、バリエーション豊かな作品が毎月のように刊行され続けているライトノベルに対しては、近年、その"最前線"に着目する動きが各所で見受けられる。たとえば『出版月報』では、各年度の「文庫本マーケットレポート」を通して市場動向を分析し、『このライトノベルがすごい！』では読者投票の結果をもとに、人気作品やキャラクターのランキングを毎年発表している。個々の読者（ファン）による情報発信も盛んで、最近ではSNS等を通じ、新作の感想や旬な作品傾向が語られることもしばしばである。

　また、2000年代のブーム到来以降、主に文芸批評・評論の世界を舞台にライトノベルを新しい現代文学、あるいはポストモダン文学として評価しようという風潮が徐々に広まっていった。その契機となったのは、「自然主義的リアリズム」（近代文学）と「まんが・アニメ的リアリズム」（ライトノベル）の対比関係を見い出した大塚英志『キャラクター小説の作り方』（講談社、2003年）や、大塚の『物語消費論』（新曜社、1989年）や前掲書の主張を前提に、「データベース理論」や「ゲーム的リアリズム」の概念等を提唱した東浩紀『動物化するポストモダン ─オタクから見た日本社会─』（講談社、2001年）、続編の同著『ゲーム的リアリズムの誕生 ─動物化するポストモダン2─』（講談社、2007年）などの登場であった。そして、このような風潮は後続の「ゼロ年代批評」にも影響を与えるとともに、好調な市場が出版業界で注目を浴びていた時勢も手伝って、ライトノベルの「今、ココ」へと目を向けていく動きを、よりいっそう加速させる大きな要因になったのである。

63

■ 第３章　ライトノベルへのアプローチ

図3-4　左：高谷玲子 著／みつはしちかこ 絵『静かに自習せよ―マリコ―』（秋元文庫〔ファニーシリーズ〕、1974年）。中央：眉村卓 著／依光隆 絵『天才はつくられる』（秋元文庫〔YOUNGシリーズ〕、1974年）。右：石津嵐 著／豊田有恒 原案『宇宙戦艦ヤマト』（ソノラマ文庫、1974年）

　他方で、過去の読書経験や執筆歴などを踏まえた経験的アプローチにより、ライトノベルの"源流"を探っていく動きがやはり2000年代以降、同時並行的に盛り上がりを見せている。その先駆的な成果としては、大森望・三村美衣『ライトノベル☆めった斬り！』（太田出版、2004年）、新城カズマ『ライトノベル「超」入門』（ソフトバンククリエイティブ、2006年）、榎本秋『ライトノベル文学論』（NTT出版、2008年）など、評論家や現役作家の手による解説書が挙げられるだろう。

　ここで注意すべきなのは、そもそも現在のライトノベルに相当する若年層向けエンターテインメント小説の歴史は思いのほか古く、2000年代に入り突如として生まれたものではなかったということである。その"源流"をどこに置くのかについては諸説あるが、一例には、1970年代に創刊された秋元文庫やソノラマ文庫などに起源を求める見方がある[注9]（図3-4）。

　また「ライトノベル」という名称自体も今から30年ほど前、1990年末頃のパソコン通信サービスを舞台に誕生したと言われており[注10]、以後しばらくは「ヤングアダルト」、「ジュブナイル」、「ジュニア小説」、「ティーンズ小説」といっ

注9　たとえば、早見裕司（現・早見慎司）「ジュニアの系譜」（http://lanopa.sakura.ne.jp/hayami/）
　　や、三村美衣「ライトノベル30年史」（前掲『ライトノベル完全読本』）など。
注10　名称誕生の具体的な経緯は前掲『ライトノベル「超」入門』に詳しい。

た複数の名称と併存関係にあった[注11]。その意味で2000年代の一連のブームとは、出版業界が既存の小説であり名称である「ライトノベル」を「再発見」して[注12]、ホットなムーブメントへと飛躍させた出来事だったと考えることができる。

　したがって、ライトノベルを出版史研究の視座から捉えようとするならば、まずはこのような"最前線"と"源流"をめぐる先行論を押さえた上で、各論者が「出版史」の起点・終点を慎重に見極める必要がある。もちろんこの時、数ある事例のなかから何を「ライトノベル」と見なすのかについては、（便宜上のものであっても）何らかの定義付けが不可欠となってくる。そして、これらの作業と並行して検討すべき重要な事柄が、ライトノベルの"最前線"と"源流"の"あいだ"を、どのように埋めていくのかということである。

　たとえば玉川博章「現代における青少年向け書籍の発展 —ヤングアダルト文庫出版史— 」（『出版研究』35、日本出版学会、2005年）は、ライトノベルを含む1970年代以降の「ヤングアダルト文庫」[注13]を対象に、少年・少女向け双方の文庫レーベルの歴史を包括的に捉える「文庫というメディアからの出版史」の構築を試みている[注14]。また、明治から現在までの長い射程で少年・少女小説やSF小説の歴史を捉え、ライトノベルにも言及している久米依子『「少女小説」の生成 —ジェンダー・ポリティクスの世紀— 』（青弓社、2013年）、大橋崇行『ライトノベルから見た少女／少年小説史 —現代日本の物語文化を見直すために— 』（笠間書院、2014年）、長山靖生『日本SF精神史【完全版】』（河出書房新社、2018年）等のほか、特定の文庫レーベルや雑誌の興隆に焦点を当てた嵯峨景子『コバルト文庫で辿る少女小説変遷史』（彩流社、2016年）、拙著『ライトノベル史入門『ドラゴンマガジン』創刊物語 —狼煙を上げた先駆者たち— 』（勉誠出版、2018年）といった成果も見受けられる。ただし、各論者の視座や問題意識の違いによってライトノベルの定義も、扱われる時代・時期も、対象とする読者や作家・作品も、さらには記述される歴史も当然ながら異なっている。

注11　詳細は前掲『ライトノベルよ、どこへいく —一九八〇年代からゼロ年代まで— 』を参照。
注12　東浩紀は前掲『ゲーム的リアリズムの誕生 —動物化するポストモダン2— 』のなかでこのブームを、「市場の盛り上がりに支えられているというより、業界内でのライトノベル「再発見」のブームという印象が強い」（p.30）と述べている。
注13　玉川の定義では、「ヤングアダルト（十代の青少年）をメインターゲットに据えて企画され、娯楽小説を収録した文庫判の叢書」（p.44）となっている。
注14　玉川の研究成果は後に、川井良介編『出版メディア入門（第2版）』（日本評論社、2012年）の「ヤングアダルト文庫からライトノベルへ」（pp.46–47）の解説でも援用されている。

■ 第3章　ライトノベルへのアプローチ

図3-5　ライトノベルの研究に必要な基礎知識や論点を
整理した学術書『ライトノベル研究序説』

　すなわち、ライトノベルの"最前線"と"源流"、そしてその"あいだ"を探究する道筋をどのようにつけるのかにより、「出版史」に捕捉される事柄もやはり変化していくことになる。それは、以下で述べる「複合的な文化現象」というライトノベルの特質からも、よりはっきりと実感できるだろう。

2.「複合的な文化現象」としてのライトノベル

　ライトノベルを論じた先駆的な学術書である一柳廣孝・久米依子編著『ライトノベル研究序説』（青弓社、2009年）において一柳は、同書の「はじめに」のなかで、ライトノベルの特質に関する興味深い指摘を行っている（図3-5）。

> ライトノベルは単なる言語表現の総体ではない。たとえば「特定のレーベルから刊行された文庫として、パッケージングされた物語」という把握の仕方は、ライトノベルの一面を指摘してはいても、その本質ではない。現代におけるライトノベルは、何よりもまず、複合的な文化現象である[注15]。

　上記の内容について補足すると、同書のなかでライトノベルは、ジュブナイル小説（ヤングアダルト小説、ジュニア小説）、SFなどのジャンル・フィクション、マンガ、アニメ、ゲームなどの視覚文化といった複数の起源を持ち、オタ

注15　前掲『ライトノベル研究序説』p.13。

66

第2節　ライトノベル出版史の捉え方

ク文化や同人誌文化との親和性も高く、メディアミックスによって物語が拡大再生産される状況が常態化した、いわば「現代における物語の変容を示す重要な指標」[注16]だと見なされている。その上で、「複眼的、重層的な思考」により、ライトノベルという文化現象を包括的に理解する必要性が述べられているのである[注17]。

　ライトノベルが持ち合わせている特質に関しては、「マンガ、ゲーム、映画、アニメ……。ラノベはあらゆるジャンルを取り込み、進化し続ける」[注18]といった見方が前々からなされており、小説（活字）だけでなく、周辺のメディア、ジャンル、文化などとの関係のなかで、その誕生・発展をめぐる歴史が語られてきた。先に挙げた一柳による「複合的な文化現象」との指摘はまさにこうした現状を踏まえつつ、ともすれば個々の作家・作品に焦点が当たりがちなライトノベルを、複数の視座から探究すべき対象と捉え直した点で示唆に富むものと言えよう。

　では、出版史研究の視座から研究を試みる場合、どのようなアプローチの方法が考えられるだろうか。ここで仮に「出版」を、「情報を書籍・雑誌などの印刷物、あるいはDVDやネットワークなど電子的方法によって複製し、頒布・販売の方法で普及させる活動」[注19]と定義するなら、出版史研究の実践例としては、ライトノベルという文化現象を成立させてきた／いる出版の諸活動に着目して、その歴史的変遷を明らかにする取り組みが挙げられるだろう。さらに言えば、前述の"最前線"と"源流"、その"あいだ"の見定め方、ひいては「複眼的、重層的な思考」によって、関連する出版の諸活動をどう捉え意味付けるか次第で、多様な「出版史」を構築できる可能性を出版史研究は秘めているのである。

注16　前掲『ライトノベル研究序説』p.14。
注17　前掲『ライトノベル研究序説』pp.14-15。
注18　「萌えでもツンデレでもない ラノベ人気の本当の理由」（『ダ・ヴィンチ』2008年4月号、メディアワークス）p.25。
注19　前掲『出版メディア入門（第2版）』p.3。

第3章 ライトノベルへのアプローチ

第3節

出版物としての特徴とは何か？
―生産・消費・淘汰の狭間で―

1. 価値・生命力が極めて軽微（ライト）な出版物

　ライトノベルが「複合的な文化現象」であるとの指摘をもとに第2節では、出版史研究がライトノベルという文化現象の成立過程やその現状を、出版の諸活動の歴史的変遷から捕捉することで、多様な「出版史」を構築し得る可能性に言及した。なお、ここで言う「出版の諸活動」とは、個々のレーベルや雑誌の創廃刊、記念碑的ヒット作品の刊行、著名作家のデビューといった出来事は無論のこと、特定の作品群を「ライトノベル」として生産／再生産する出版業界のシステムとネットワーク、広告・販売戦略なども想定しておく必要がある。なぜなら、出版史研究の強みはその研究の性格上、作家・作品の傾向をつぶさに分析していくことはもちろんなのだが、むしろ「出版」を軸とする産業指向のアプローチから、ライトノベルを生み出す産業構造自体やその変化を歴史的に問う点にあると考えられるためだ。管見の限り、こうした研究上の強みを生かした「出版史」の試みは未だ少ないことから[注20]、今後「出版史研究の視座からライトノベルをどう見るか？」を検討する際、無視できない課題となるのは間違いないだろう。

　さて、続く第3節では上述の課題に関わる取り組みの一例として、出版物の側面からライトノベルを分析した試みにスポットを当ててみたい。具体的には、前掲『ライトノベル研究序説』収録の先行論のうち、髙島健一郎「とある文庫

注20　たとえば、ライトノベルを含む日本のメディアミックスを分析対象とした関連研究の一つとして、マーク・スタインバーグ著／大塚英志監修／中川譲訳『なぜ日本は〈メディアミックスする国〉なのか』（KADOKAWA、2015年）がある。

第 3 節　出版物としての特徴とは何か？

図3-6　ライトノベルを刊行する文庫レーベルの目録例

の刊行目録（インデックス）―角川系レーベル群から見えるもの―」（以下、髙島（2009））を手がかりに、ライトノベルの出版物としての特徴を再検討していく。

　本節で参照する髙島（2009）は「角川系レーベル群」（角川スニーカー文庫・富士見ファンタジア文庫・電撃文庫・ファミ通文庫）を対象に、その刊行開始から2007年12月末時点までの刊行点数や作家数の調査を行うことで、2000年代中頃に到来した商業的ブームの実態を数値データから具体的に捉えつつ、各レーベルの販売戦略の様相に迫っている。また、ライトノベルを出版物の側面から考察している点に加え、各レーベルの刊行点数、作家数、あるいは書誌情報の調査・分析という、出版史研究にとっては馴染み深い手法を採用している点でも、第2節で紹介した玉川博章の先行論とともに、出版史研究の実践例として示唆に富むものである。

　そして髙島（2009）による指摘のうち、「角川系レーベル群」の刊行点数や作家数の推移から見えてきたという各レーベルの様相、すなわち、レーベル同士の攻防や販売戦略などの違いもさることながら、「ライトノベル出版全体の問題」、ならびに「ライトノベルの課題」には特に注目しておく必要があるだろう。その具体的な内容は、まず、絶版・重版未定の作品は入手しづらい状態に陥るだけでなく、出版社の公式サイトや目録（図3-6）からも情報が削除（除外）されやすいために、書誌の確認すら困難なケースがあること。また、こうした

■ 第3章　ライトノベルへのアプローチ

事態が刊行開始から短期間のうちに起こり得るため、ライトノベルの存在基盤
そのものにも大きな影響を与えていること、などである。さらに、以上の調査・
分析をもとに髙島（2009）は、出版物としてのライトノベルを以下のように説
明している。

> 「ライトノベルとは何か」という定義論について、出版の側面から見れば次
> のように言えるだろう。書物としての価値・生命力が極めて軽微（ライト）
> な出版物である、と。ライトノベル全体としての知名度・露出度は、いや
> が上にも高まっている。マクロで見れば勢力を増しているものの、ミクロ
> ―個々の書物― で見れば次から次と現れては消えていく脆弱で短命な状態
> なのである[注21]。

なお、この説明がライトノベルに固有の特徴を言い表しているかどうかは、
書籍販売全体での考察等も別途必要になることから、現段階では判断が難しい
ように思われるかもしれない。そこで、次に紹介する文献資料の内容を踏まえ
ながら、出版物としてのライトノベルの特徴を引き続き検討してみたいと思う。

2. 近接ジャンル／メディアとの類似点

髙島（2009）はライトノベルを、「書物としての価値・生命力が極めて軽微
（ライト）な出版物」であると見なし、「次から次と現れては消えていく脆弱で
短命な状態」にあると捉えていたわけなのだが、こうした捉え方に関連して、
作家の立場から興味深い指摘を行ったのがSF作家の大原まり子である。大原は
ソノラマ文庫やコバルト文庫における執筆歴に加え、〈ライトノベル雑誌〉の草
分けである『ドラゴンマガジン』（富士見書房）での連載経験を持つなど、ライ
トノベルとも縁の深い作家である。そんな大原は1994（平成6）年7月、『読売新
聞』に寄稿した読書エッセーのなかで、ライトノベルについて次のように述べ
ていた。

> わたしは文章によって物事を描写し尽くすことこそが小説家の醍醐味だと
> 思っているが、文字どおりケタちがいの売れ行きを知って、そもそもライ

注21　前掲『ライトノベル研究序説』p.86。

トノベルの読者は、普通の小説の読者とちがうのではないかと感じはじめた。アニメ・ゲーム世代の読者は、ひょっとすると文章による描写がなくても勝手に絵が浮かんでいるのではないか。送り手にも受け手にも、アニメ（やゲーム）という基礎知識あるいは共有感覚があってはじめて成り立つ創作なのではないだろうか。だとすれば、これらの小説は小説というジャンルを越境したニュータイプである。そうして、読んでいる間は楽しくても、「それで、どういう意味があるの？」と問い返すような読者には無用のものだ──それはたとえば野田秀樹の芝居のように、その場かぎりの楽しみをもって消費されるべきものなのだ[注22]。

さらに大原は「忘れてはならない特徴」として、以下の点を挙げている。

もうひとつ、このジャンルの忘れてはならない特徴は、売り上げが至上命令だという点である。主人公の年齢や語りの人称まで編集者から指定されることもある、生鮮食品のように売れなくなったらすぐ絶版にする、新人はどんどん登用するが何冊か出して売れなければ切り捨てる、など少年マンガ誌の方法を導入しているのだ。熾烈な競争の世界であり、このジャンルでは作家はものを創る人間として遇されていない。

ちなみに大原は、「ここにあげた特徴は、ライトノベルに分類されるすべての作品にあてはまるわけではない」として、対象を限定した説明である旨を明記していた[注23]。とはいえ、一部に見受けられた「売り上げが至上命令」という特徴には、一人の作家として批判的な考えを抱いていたのは確かなようだ。その背景には諸々の事情があったと推察されるが、ここではひとまず、前掲の記事で大原が「生鮮食品のように売れなくなったらすぐ絶版にする」、「新人はどんどん登用するが何冊か出して売れなければ切り捨てる」と述べていた箇所に注目してみたい。

自らの作家経験を踏まえて行われたであろう大原の指摘は、ライトノベルを

注22　「本の森の散策（80）大原まり子「東京異聞」「魔性の子」「地獄使い」」（『読売新聞』1994年7月25日号）。

注23　大原は同記事内で「ことに、女性作家による異世界ファンタジーの隆盛は別物だという気がしている」と述べ、小野不由美や麻城ゆうなど、描写力に優れている女性作家の異世界作品を高く評価している。

■ 第3章　ライトノベルへのアプローチ

めぐる出版の内部事情を知る上で貴重なのはもちろん、「ライトノベルは消費されるもの／淘汰されるもの」という出版物としての特徴を浮き彫りにしているとともに、先の髙島（2009）における説明とも重なっている点で大変興味深い。また「少年マンガ誌の方法を導入し」た「熾烈な競争の世界」であるとの言は、ライトノベルの生産／再生産の現場、ひいてはその産業構造そのものが、近接ジャンル／メディアであるマンガと類似点を持つ実態を物語っている。

　つまり、出版物としてのライトノベルは髙島（2009）で述べられていたとおり、やはり「脆弱で短命な状態」にあることが大原の指摘からもうかがえる。また、この状態を生じさせている要因として、少年マンガ誌の方法論を流用した作家・作品の生産／再生産の仕組みの存在が見え隠れしている。そして、その実態に迫り得る研究の試みこそ、出版史研究に期待される重要なアプローチの一つなのである。

第4節

出版史研究の強みとは何か？
―今後のアプローチのために―

1. ライトノベルを取り巻くコンテクストへの着目

　今一度、出版史研究の視座からライトノベルにアプローチする意義について整理するならば、それは「ライトノベル」だと見なされている特定の作品群、ならびに「複合的な文化現象」を取り巻くコンテクストに着目し、それらの具体相を可視化することにあると言えよう[注24]。特に、「出版」を軸とする産業指向のアプローチは先行論を見渡してもまだまだ手薄な状態にあり、今後の研究の見通しとして考えられるのは前述したとおりである。なお、同様の問題意識は他の学術的な研究領域でもすでに現れており、たとえば文学研究では、ライトノベルを含むサブカルチャーを分析していく際の考慮すべき点として、以下のような指摘が見受けられる。

　　メディア・ミックスが常態となった現在、まんがやアニメを規定するのは、キャラクター・グッズを売り込むメディアとしてそれが企画され、消費されるという現実であろう。キャラクターの性格や物語は、作家の意図や物語の内的必然性よりも、時に数十億円規模のビジネス主導で決定されるとも言え、こうした現実を組み込まない分析は、「サブカルチャー」の本質的

注24　この点に関連して大橋崇行は、ライトノベルを論じる際に求められることとして、「ライトノベルが書かれる土壌にはどのような枠組みがあり、それがどのような発想で受け継がれ、どのようにテクストとして編成されたのか、それがどのように読解され、そこでどのような問題が起きたのかという視点」と、「ライトノベルのテクストが文化のなかでどのように位置づけられ、それがどのように機能しているのかという、共時的、通時的な文化論の発想で、ライトノベルをひとつの言説として捉えていくという方向性」（大橋崇行「マンガ、文学、ライトノベル」（小山昌宏・玉川博章・小池隆太編著『マンガ研究13講』（水声社、2016年）p.102））の重要性を指摘している。

な部分を、恐らくは見誤る[注25]。

　また、ライトノベルをめぐる議論についても既存の枠組みにとらわれない、より多様な展開が望まれている状況にある。

　　呼吸するかのようにアニメを取り込んできた世代にとって、ラノベのイラストは障害にならない。むしろそれは、読者が積極的に物語を「誤読」して新たな物語を再生産するための、重要な足がかりとなる。だからこそラノベは、アニメやゲーム、マンガといった、世界を席巻するジャパニーズ・コンテンツに欠かせない存在になった。（中略）このように考えてきたとき、ラノベの意味するものは、いわゆる「文学」的価値をめぐる議論だけにとどまらず、読書の質をめぐる問題、多様なサブカルチャーを束ねて物語の再生産を促す、システムの問題などに接続していく[注26]。

　すなわち、上記の点を考慮に入れた学術研究の実践可能性こそ、出版史研究が持ち合わせている大きな強みなのである。

2.　新たな調査・分析対象の模索

　以上を踏まえた今後の出版史研究の実践に向け、筆者が注目すべきと考える調査・分析対象の一つが〈ライトノベル雑誌〉である。〈ライトノベル雑誌〉とは、ライトノベル専門の文庫レーベルを持つ出版社が刊行する、ライトノベルを中心的に扱った専門誌のことである。その多くはライトノベルの文庫本と同様、マンガ・アニメ風のキャラクターイラストが表紙を飾っており、小説やマンガの連載、文庫レーベルの新作やメディアミックスの特集、読者参加型の企画等々、その誌面は実にバリエーション豊かである。また、さまざまなキャラクターグッズや書き下ろし小説の付録がつくこともあるなど、媒体の特徴は小説雑誌というより、むしろマンガ雑誌やアニメ雑誌に近いものがある（図3-7）。
　実は、〈ライトノベル雑誌〉はこれまで研究の中心的題材となる機会がなく、

注25　深津謙一郎「近代文学研究とサブカルチャーの「あいだ」」（『日本近代文学』第73集（日本近代文学会、2005年））p.365。
注26　一柳廣孝「はじめに」（一柳廣孝・久米依子編著『ライトノベル・スタディーズ』（青弓社、2013年））p.15。

第 4 節　出版史研究の強みとは何か？

図3-7　代表的な〈ライトノベル雑誌〉3誌の創刊号。左：『ドラゴンマガジン』（富士見書房、1988年創刊〜続刊中）。中央：『ザ・スニーカー』（角川書店、1993年創刊〜2011年休刊）。右：『電撃hp』（メディアワークス、1998年創刊〜2007年休刊）。なお、『電撃hp』の後継誌として『電撃文庫MAGAZINE』（アスキー・メディアワークス、2007年創刊〜続刊中）がある。

創廃刊状況や簡略的な媒体紹介にとどまってきた経緯がある。なぜなら、調査・分析対象としてはどうしても個々の作家や作品の単行本に注目が集まりやすく[注27]、雑誌の存在はさほど重要視されてこなかったからである。とはいえ、近年では前掲の『なぜ日本は〈メディアミックスする国〉なのか』や『ライトノベル史入門『ドラゴンマガジン』創刊物語 ―狼煙を上げた先駆者たち―』のほか、安田均・水野良ほか／マーク・スタインバーグ監修／大塚英志・谷島貫太・滝浪佑紀編『東大・角川レクチャーシリーズ00『ロードス島戦記』とその時代 ―黎明期角川メディアミックス証言集―』（角川文化振興財団、2018年）、安田均『日本現代卓上遊戯史紀聞［1］安田均』（ニューゲームズオーダー、2018年、電子配信のみ）等により、〈ライトノベル雑誌〉やその周辺雑誌がライトノベルの誕生・発展に果たした役割にスポットが当たり、雑誌の歴史と功績をふり返る機運が高まりつつある。

注27　ライトノベルの単行本（文庫本）と雑誌をめぐる動向について、たとえば出口弘「絵物語空間の進化と深化 ―絵双紙からマンガ・アニメ・フィギュア・ライトノベルまで―」（出口弘・田中秀幸・小山友介編『コンテンツ産業論 ―混淆と伝播の日本型モデル―』（東京大学出版会、2009年））は、「ライトノベルは、雑誌の形というよりは、主に単行本の形で読者の目に触れる。雑誌メディアは、あることはあるがマンガほど大きな影響を持っていない」（p.296）と指摘していた。

■ 第3章　ライトノベルへのアプローチ

　もちろんこうした時勢的なものとは別に、〈ライトノベル雑誌〉が注目に値すると考えられる理由がある。たとえば、筆者が実際に調査・分析を行った創刊当初の『ドラゴンマガジン』の場合、文庫レーベル（富士見ファンタジア文庫）と公募新人賞（ファンタジア長編小説大賞）との連携体制により、作家・作品を定期的に生み出すシステムとネットワークを独自に築き上げていた。また、同誌はこれらの"結節点"となる「母体雑誌」の役割を果たしながら、同時代のビジュアル文化にふれて育った中・高校生を中心とする若年層を小説（活字）へと誘い、彼らのイマジネーションを喚起して小説やその物語の楽しさを知ってもらうことを目指した誌面作りにより、現在のライトノベルのフォーマットを形成する契機を創出していたのである[注28]。

　　雑誌、特に小説掲載誌の多くは雑誌本体の売り上げや作品のプロモーションよりも、書籍化するための原稿を定期的に集めるための「ゲラ雑誌」とも揶揄される機能しか果たしていないことがよくあります。それに対して、ドラゴンマガジンは、その肝は特集にあり、まさに特集を見せ、読ませる雑誌を目指していました。作品本体は書き下ろしで展開するのがドラゴンマガジン＆富士見ファンタジア文庫の基本線で、そのバックアップというか、読者を惹きつけ、「その作品が好き」という気持ちを肯定し、作品を好きなわけをあえて視覚化・言語化して勇気づける特集を見せていくのがドラゴンマガジンの主な使命と位置づけていました。その延長線上に、本編ストーリーは書き下ろし文庫で、外伝もしくはコメディ色の強い短編を雑誌連載で、という『スレイヤーズ』『オーフェン』から『フルメタル・パニック』『伝説の勇者の伝説』へと続く路線というか展開方法が確立していきました[注29]。

　ゆえに〈ライトノベル雑誌〉の調査・分析とは、産業的な面でも作品的な面でも、ライトノベルの"源流"の探究へと繋がっていく。さらには『ドラゴンマガジン』以外の雑誌を含め、過去から現在に至る媒体の歴史的変遷を追うことは、ライトノベルの誕生・発展の過程を「出版史」として描き出す上で有効

注28　詳細は前掲『ライトノベル史入門『ドラゴンマガジン』創刊物語 ―狼煙を上げた先駆者たち―』を参照。

注29　『ドラゴンマガジン』の創刊責任者・小川洋の指摘より。前掲『ライトノベル史入門『ドラゴンマガジン』創刊物語 ―狼煙を上げた先駆者たち―』p.217。

第 4 節　出版史研究の強みとは何か？

なアプローチとなり得るはずだ。

　そして、最後に今一つ、新たな調査・分析対象の候補を挙げておくとすれば、それはライトノベルや〈ライトノベル雑誌〉を生み出してきた作り手の歴史証言（オーラル・ヒストリー）であろう。出版史研究の強みとして産業指向のアプローチを掲げる以上、作家や編集者、あるいは出版社や出版業界そのものなど、作り手の動向と事情は可能な限り、詳細を把握しておきたいところだ。しかし、有用な資料体となり得る関係者の証言をめぐっては、マンガ、アニメ、ゲームを対象とした研究では比較的蓄積が見られる一方、ライトノベルでは近年になってようやく、前掲の証言集等をはじめとする成果が現れてきた段階にある。

　オーラル・ヒストリーに関しては出版史研究でも、これまでに数多くの研究成果が報告されてきた。だからこそ、今後はこれら過去の成果と方法論を十全に生かす形で、ライトノベルとその周辺事象を対象とした作り手の証言収集と、それぞれの証言を裏付ける実証的研究の実践が待たれるところだ。

　出版史研究からのライトノベルへのアプローチ──。それは、本章でも繰り返し述べてきたように、新たな研究の発想や実践を生み出す可能性に満ちている。本章の内容が、その第一歩を踏み出すための道案内となったならば何よりである。

■ 第3章　ライトノベルへのアプローチ

参考文献案内

〈批評・評論〉

　学術研究の本格的な開始に先駆けて登場。特に大塚英志と東浩紀の一連の著作は反響が大きく、ライトノベルを語る際の重要文献と見なされている。

＊東浩紀『動物化するポストモダン ―オタクから見た日本社会― 』（講談社、2001年）

＊東浩紀『ゲーム的リアリズムの誕生 ―動物化するポストモダン2― 』（講談社、2007年）

＊宇野常寛『ゼロ年代の想像力』（早川書房、2008年）

＊榎本秋『ライトノベル文学論』（NTT出版、2008年）

＊大塚英志『定本　物語消費論』（角川書店、2001年）

＊大塚英志『キャラクター小説の作り方』（講談社、2003年）

＊大森望・三村美衣『ライトノベル☆めった斬り！』（太田出版、2004年）

＊新城カズマ『ライトノベル「超」入門』（ソフトバンククリエイティブ、2006年）

〈研究入門〉

　ライトノベルを対象とする学術研究に取り組む上で、必要な基礎知識や論点の整理、調査・分析の方法論などに関する検討が行われている文献。

＊一柳廣孝・久米依子編著『ライトノベル研究序説』（青弓社、2009年）

＊一柳廣孝・久米依子編著『ライトノベル・スタディーズ』（青弓社、2013年）

＊大橋崇行『ライトノベルは好きですか？ ―ようこそ！ラノベ研究会― 』（雷鳥社、2013年）

＊大橋崇行・山中智省編著『ライトノベル・フロントライン1〜3』（青弓社、2015〜16年）

〈産業〉

　出版・コンテンツ産業のなかのライトノベルについて論じている文献。

＊飯田一史『ベストセラー・ライトノベルのしくみ ―キャラクター小説の競争戦略― 』（青土社、2012年）

＊川井良介編『出版メディア入門（第2版）』（日本評論社、2012年）

＊出口弘・田中秀幸・小山友介編『コンテンツ産業論 ―混沌と伝播の日本型モ

デル―』（東京大学出版会、2009年）

〈歴史〉

ライトノベルの誕生・発展に関わる歴史について深く知るために読んでおきたい文献。作家や編集者といった作り手の証言やインタビューの内容も興味深い。

＊大塚英志『日本がバカだから戦争に負けた ―角川書店と教養の運命―』（星海社、2017年）

＊大橋崇行『ライトノベルから見た少女／少年小説史 ―現代日本の物語文化を見直すために―』（笠間書院、2014年）

＊久美沙織『コバルト風雲録』（本の雑誌社、2004年）

＊久米依子『「少女小説」の生成 ―ジェンダー・ポリティクスの世紀―』（青弓社、2013年）

＊坂井由人・坂井直人ほか『アニメノベライズの世界』（洋泉社、2006年）

＊嵯峨景子『コバルト文庫で辿る少女小説変遷史』（彩流社、2016年）

＊玉川博章「現代における青少年向け書籍の発展 ―ヤングアダルト文庫出版史―」（『出版研究』No.35、日本出版学会、2005年）

＊長山靖生『日本SF精神史【完全版】』（河出書房新社、2018年）

＊西谷史・榎本秋・江藤茂博「サブカルチャーの領域 シンポジウム ライトノベルの誕生と現在（二松學舍大学人文学会第100回記念大会シンポジウム記録）」（『二松学舎大学人文論叢』第八四輯、二松学舎大学人文学会、2010年）

＊日経キャラクターズ！編『ライトノベル完全読本』（日経BP社、2004年）

＊マーク・スタインバーグ著／大塚英志監修／中川譲訳『なぜ日本は〈メディアミックスする国〉なのか』（KADOKAWA、2015年）

＊三木一馬『面白ければなんでもあり 発行累計6000万部 ―とある編集の仕事目録（ライフワーク）』（KADOKAWA、2015年）

＊安田均・水野良ほか／マーク・スタインバーグ監修／大塚英志・谷島貫太・滝浪佑紀編『東大・角川レクチャーシリーズ00『ロードス島戦記』とその時代 ―黎明期角川メディアミックス証言集―』（角川文化振興財団、2018年）

＊山中智省『ライトノベルよ、どこへいく ―一九八〇年代からゼロ年代まで―』（青弓社、2010年）

＊山中智省『ライトノベル史入門『ドラゴンマガジン』創刊物語 ―狼煙を上げた先駆者たち―』（勉誠出版、2018年）

■ 第3章　ライトノベルへのアプローチ

Column

いかにして「過去の作品」を知るか？

　出版物としてのライトノベルがマンガ（誌）と同様に、「消費されるもの／淘汰されるもの」という特徴を持つ以上、ベストセラー作品を除けば刊行時期が古い「過去の作品」であればあるほど、入手が年々難しくなっていくことが考えられる。そして髙島（2009）も指摘していたように、出版社の公式サイトや最新の目録に頼るだけでは、旧作品の書誌情報や刊行実績を確認することすら困難な場合が珍しくない。

図3-8

　また、筆者自身は新旧の目録の内容を比較すべく、長年にわたり過去の目録収集を試みているのだが、これらは期間限定の配布物として作られた経緯もあり、古書店や古物屋、あるいはネットオークションなどでも目にする機会が少なく、入手自体が大変難しい状況にある。

　したがって、特に「過去の作品」の情報を得ようとする際には、たとえば『出版指標年報』（全国出版協会出版科学研究所）、『出版年鑑』（出版ニュース社）といった出版統計資料や、国立国会図書館の検索サービスなどを併用しつつ、正確な情報を探る取り組みが求められる。

　以上の課題点については既存の出版研究のノウハウを援用することで、ひとまずの解決は可能だと思われる。とはいえ、今後はライトノベルをめぐる出版状況やその特質・特徴を考慮しつつ、やはり、こうした情報・資料探索方法の整理・蓄積と最適化を図っていくことが求められるだろう。それがひいては、ライトノベルを調査・分析対象とした出版史研究の、よりいっそうの進展にも寄与することになるはずだ。

注：図3-8の参考文献は、巻末に「過去の作品を知りたい・読みたい・入手したい人のための資料探索ガイド」を収録した拙著『ライトノベル史入門『ドラゴンマガジン』創刊物語 ―狼煙を上げた先駆者たち― 』（勉誠出版、2018年）。

第4章

出版研究における「読者」
―インタビュー調査の可能性を考える―

中川　裕美

本章の内容

　これまで多くの出版研究者が「読者」について研究を試みてきた。「『読者』とは
いかなる層で、どのような『読み』をしている／いたのか」。この問いは一見、簡単
そうに見えるが、実際には様々なアプローチを試みなければならない難しい問題で
ある。その方法には種々あるが、筆者はその一つとしてインタビュー調査の手法か
ら「読者」像に迫ることを試みた。

　本章では、現役の漫画家にインタビュー調査を行い、作家が「読者をどのように
捉えているのか」について明らかにする。もちろんインタビュー調査で明らかとなっ
た事例は、あくまでも一つのモデルケースに過ぎない。だがここで明らかとなった
「事実」は、出版史研究の中に位置付けたとき意義のあるものである。なぜなら、出
版史料を取り扱う研究者として、過去の史料の分析・考察は必須であると考える
が、「今・現在」の出版状況を後世に「残す」こともまた必要な作業であると考え
るからある。

　本章を通じ、われわれ出版研究者ができる資料・史料以外の調査とは何なのかに
ついて検討していきたい。

第4章　出版研究における「読者」

第1節

「読者」にアプローチする方法
─先行研究を振り返る─

1.　二つの研究過程

　雑誌の研究を行う者にとって、研究の過程は大きく二つに分けられる。

　一つは「雑誌」そのものについて分析する過程である。表紙や目次、掲載されている作品（小説・漫画・挿絵・記事など）、雑誌というメディアが伝えているメッセージを研究者の視点で捉え、考察を行っていくものである。そしてもう一つは、それらのメッセージが実際の読者にどのように伝わり、どのような影響を与えたのか、またそのことは作家や編集者にどのようにフィードバックされたか、という雑誌の読者に関する調査・分析である。

　雑誌の「読者」とはいかなる層で、どのような「読み」をしている／いたのか。一見、この質問に答えるのは簡単に思えるかもしれない。だが実際には実に難しい問題を様々に孕んでおり、「雑誌」そのものを分析するよりも遥かに困難な作業となる。この問いへのアプローチには種々あるが、その中でも比較的取り組みやすいのが読者投稿欄の分析である。しかし、読者投稿欄には編集者の意向が働いている可能性が高く、「読者の生の声」として取り扱うことには疑問がある。筆者はこの点について、読者投稿欄から読者像を分析することの問題点を以下のように指摘した[注1]。

　第一に、読者投稿欄は編集者の意向が働いているという問題である。多くの読者投稿の中から選ばれて掲載された手紙は、編集者が望む内容が書かれていたものであると推察出来、またそうである以上、読者の側も「編集者に選ばれ

注1　拙稿「雑誌研究の方法と課題」（『現代社会研究科研究報告』11、愛知淑徳大学現代社会研究科、
　　　2015年）。

第1節 「読者」にアプローチする方法

やすい内容」を投稿した可能性がある。

　第二に、読者投稿欄に「読者からの投稿」として掲載された手紙は、本当に読者によって書かれたものなのか、という問題である。例えその投稿が、編集者によって「作られたもの」だったとしても、われわれ研究者を含む受け手の側から判別することは出来ない。

　第三に、読者投稿欄に投稿をする読者は、雑誌の購買層の中では極めて能動的な読者であり、それを一般の読者層と捉えることには問題がある。読者投稿欄に投稿をしない「もの言わぬ読者」の方が、読者全体の中では大多数だからである。さらには投稿の経験の有無を、雑誌の愛読度を計る指標にすることも出来ない[注2]。

　以上のような理由から筆者は、この論文において読者投稿欄以外のアプローチが必要であることを指摘し、その方法として次の二点を提案した。

　第一は読者投稿欄以外の資料を用いて、読者像に迫るという手法である。使用できる資料としては、当時を知る者の手記、日記、回顧録、手紙、小説、インタビュー記事などがあげられる。

　例えば筆者がこれまで研究をしていた少年・少女雑誌に即せば、木村小舟の『少年文学史〈明治篇・上・下〉』（童話春秋社、1949年）、加藤謙一の『少年倶楽部時代 ―編集長の回想』（講談社、1968年）、渋沢青花の『大正の『日本少年』と『少女の友』 ―編集の思い出』（千人社、1981年）など、著名な編集者による手記がある。これらの手記には各出版社から発行されている社史だけでは分からない、「実際に編集に携わった者」だから知り得る情報が数多く記されており、雑誌を研究する上で欠かせない資料である。これらの資料から「当時の読者」像を捉えようとする作業は、その雑誌が「誰に」「どのように」読まれていたのか、という問いに（編集者・出版社サイドからではあっても）ある程度迫ることを可能にするものである。

　第二として、フィールド調査からのアプローチである。実際に雑誌の編集に携わった方、作家へのインタビュー調査を行うことで、彼らが感じていた読者像に迫ることが可能となる。もちろん聞き取り調査によって得られた情報は、美化や記憶違いといった危険性もあるが、資料からでは得られない貴重な証言であることは間違いがない。また、現在発行されている雑誌を分析対象とした

注2　前掲（注1）、pp.57–58。

■ 第4章　出版研究における「読者」

場合、「生の現場の声」を知ることが出来るという点もフィールド調査の良い点である[注3]。

　では作家や編集者はどのようにして「読者の声」を受け取っている（いた）のだろうか。ここで注目すべきなのは、かつては手紙でしか届かなかったその声が、今日ではネット、特にSNS（ソーシャル・ネットワーキング・サービス）の普及によって大きく状況が変化している、ということである。

　そこで本章では、現役の漫画家にインタビュー調査を行い、作家が「読者をどのように捉えているのか」について明らかにすることを試みる。もちろんインタビュー調査の結果は個々のケースに過ぎず、そのまま読者・読書論一般に拡大することは出来ないが、一定の意義のある試みであると考える。

　インタビュー調査は2018年10月、作家二名に対して行った。両名とも匿名を希望されたため、ここではX氏・Y氏とした。

　X氏（女性）はこれまでにBL（ボーイズラブ）作品の連載を複数回担当したほか、単著のコミックも発行しており、現在は二次創作の同人誌を中心に活動を行っている。また男性同士の恋愛を描くBL（ボーイズラブ）作品以外に、成人漫画や少女漫画作品も描いている。なおX氏は拙稿「出版史研究の手法を討議する：出版研究における「読者像」の揺らぎについて（3)」[注4]において、インタビューを行った「B氏」と同一人物である。

　Y氏（女性）はこれまでに漫画雑誌の賞をいくつか受賞した経歴を持ち、漫画家のアシスタントも務めている人物である。二次創作のBLを描いた同人誌の活動を続けながら、現在はネット配信サイトの連載も担当しており、単行本の発行が予定されている。X氏同様、BLだけでなくTL（ティーンズラブ）[注5]も描く作家である。

　SNSを使い、誰でも自分の考えを発信できる時代にあって、今現在の作家は読者をどのように捉えているのか。インタビュー調査から明らかになった事例をもとに考察していく。

注3　前掲（注1）、p.58。
注4　日本出版学会HP、関西部会・臨時増刊。http://www.shuppan.jp/bukai13/745-3.html、2018年11月11日閲覧。
注5　少女漫画のような絵柄でありながら、男女の直接的な性行為を作品の中に描く女性向け漫画ジャンルのことを指す。

第2節

作家を取り巻く「環境」を考える
―新しいネットツールの登場―

1. 環境の変化と新しい分析ツール

　2007年9月号の『出版月報』に、「オタク出版の研究」と題された特集記事が掲載された。

> 〈オタク女性〉をターゲットとした出版は、意外と目に見えるものが少ない。消費者として瞬発力はあるが男性に比べ結婚・妊娠などライフステージが明解であるため、価値観が変化しやすい（卒業する機会が多い）こと、活動意欲が主にアニメなどの2次創作（アニメのパロディ＝アニパロ）に向けられていること、男性向けの出版物を共有していること（中略）などが要因として挙げられる。
> そのため〈オタク女性〉向け商業出版は、出版オリジナルのコンテンツが尖鋭化しており、中でも大きなシェアを占めているのが＜ボーイズラブ（BL、男性間同性愛）＞である[6]。

　諸橋泰樹は、雑誌の特性を考える上で重要な要素となるのは、「セグメント化・専門情報性」と「ターゲットの明確さ」であると指摘している[7]。

> 雑誌は「原則的に読みたい人が自分で（中略）買わねばならない」ものであり、「雑誌の読者ターゲットは、情報ニーズのみならず性別や年齢や意識、ライフスタイルから収入にいたるまで明確」である。

注6　『出版月報』2007年9月号（出版科学研究所、2007年）pp.10-11。
注7　諸橋泰樹『雑誌文化の中の女性学』（明石書店、1993年）pp.16-17。

第4章　出版研究における「読者」

　その意味において、BLは「セグメント化」と「ターゲット」が明確なジャンルであると言えるだろう。

　書店におけるBLコーナーの充実ぶりは目覚ましく、BLのコミックは毎日必ず新刊が発行されるほどである。またBL作品を紹介・論評する書籍も数多く出版されている。2008年より発行されている『このBLがやばい！』（宙出版）は、その年に発表されたBL作品の中からお勧めの作品を紹介するもので、2016年版、2019年版も発行された。さらにこうした漫画雑誌業界のみならず、新聞や大衆雑誌の記事や『ユリイカ』[注8]や『美術手帖』[注9]など、本来、漫画とは関係のない分野においても取り上げられることが多くなってきた。今まで潜在化して見え難かった女性の「オタク市場」への参与は、BL雑誌という出版物の登場により明確となり、女性文化の一つとして位置づけられるようになったのである。

2.　作家の増加とpixivの登場

　先に引用したBL嗜好が女性一般にまで拡大出来るかという議論はさておき、2007年段階で「BL（ボーイズラブ）」が、「女性向けの商業出版」として無視出来ないジャンルとして取り上げられていることは重要である。さらに「2007年」前後は、現在の出版・編集者・作家の状況を考えるうえで、特筆すべき出来事が起こっている。

　一つ目として「Twitter」が登場したことである。2006年にアメリカで始まったインターネットサービスは、2008年に日本語版に対応した。匿名で登録することができ、文字・写真・絵・動画・音声など幅広いジャンルの投稿を手軽に行うことができる。Twitterが作家に何を与えたのかについては、第3節にて詳述する。

　二つ目としては、「pixiv」が登場したことである。「pixiv」とはピクシブ株式会社が運営するソーシャル・ネットワーキング・サービスのことで、匿名でのイラストや漫画、小説の投稿が行えるコミュニケーションツールの一つである。プロ・アマチュア作家を問わず日本だけでなく海外からも多くのユーザーが登

注8　『ユリイカ12月臨時増刊号　総特集「BL（ボーイズラブ）スタディーズ」』（青土社、2007年）、『ユリイカ12月号 特集「BL（ボーイズラブ）オン・ザ・ラン！」』青土社、2012年）。
注9　『美術手帖 2014年12月号』「特集「ボーイズラブ“関係性”の表現をほどく」」（美術出版社、2014年）。

録しており、無料で作品を投稿したり読んだりすることができる。

　pixivが登場する以前にも、自作のホームページやブログサービスなどを中心に、作品をインターネット上に公開する作家は多く存在していた。しかしpixivは、インターネット上に作品を公開する際にサーバーを借りる必要やHTMLなどの専門的な知識を必要とせず、アカウントさえ取れば誰でも手軽に作品を投稿することができるという点が、従来のネットサービスと比べて画期的であった。

　この他にもpixivは、作家・読者双方にメリットの多いさまざまな機能を有している。例えば、pixivに投稿された作品を横断的に検索することが出来、読者は好きなジャンル・作家へ容易にアクセスすることが可能である。個別の作品には直接感想をコメントとして書き込めるほか、作家へ直接非公開の形でメッセージも送ることも出来る。

　さらにpixivは作家・個別の作品別の「ブックマーク機能」があるため、「どの作家／作品が」「どれだけ人気があるのか」についても、作家・読者の双方にわかりやすくなっている。このブックマーク機能は公開・非公開を選ぶことが出来、「公開」に設定しているユーザーであれば、お互いがどの作家／作品にブックマークをしたのかを確認することも可能である。またブックマークはランキングによって順位づけがなされているため、誰でも人気のある作家や作品を知ることができる。

　pixivのこのようなサービスは、投稿された多くの作品の中から、読者が自分の好みの作品・人気のある作品を素早く見つけ出すことが出来るというだけでなく、作家もまた自分の投稿した作品がどれだけ評価されたのかについてリアルタイムで知ることが出来るという特徴がある。この点について、Y氏はインタビューで次のように答えている。

　　SNSが登場したことで反応がダイレクトにくるようになったら面白くなった気がします。ゲームの攻略じゃないですけど、反応が大きくなったりするとゲーム感覚になってた時があったと思うんで。こういうタイプ、絵、内容、ネタって面白いでしょう？みたいな。どうです？みたいなのをプレゼンしたものに対して全部返って来るようなものもダイレクトだったりとか。それこそ投稿になったら、一社とか二、三社でも編集の人にしか見てもらえない。でもネットにあげると何百という人が見てくれるんで、その

第4章　出版研究における「読者」

方が面白いというかやりがいがあるというか。だからSNSはすごいなと。

　さらにY氏は、pixivに作品を投稿したことへの反応は「すぐきます。あぁ良かった届いてるわ、見てくれたんだと思う」とも述べており、pixivは「自分の作品が誰かに届いている」という充足感を得やすいサービスであると考えられる。

　またX氏は自身が行う市場調査でもpixivを利用していると言い、Twitterなどの他ツールと比べて「pixivは（同人誌の）表紙とか。まとめて検索しやすいと思う」「みんなpixivに文句はあっても他のサービスに行く手間はかけられない」と述べており、pixivの使い勝手の良さを指摘している。

3. 「作家・出版社」と「作家・編集者」、変わる関係性

　年に二回行われるコミックマーケットは年々参加者数が増加傾向にあり、コミックマーケット公式サイトによれば、2017年の冬のコミックマーケット「コミックマーケット93」では参加者総数55万人、サークル数32,000、企業ブース出展社数160社であった[注10]。参加者数の推移を見てみると、近年では2006年の43万人（夏）・44万人（冬）から、2007年の55万人（夏）・50万人（冬）への増加は注目に値する。コミックマーケットの参加者が2006年から2007年にかけて、なぜここまで飛躍的に増加したのかについては別稿での考察が必要となるが、pixivという新しい創作ツールが2007年に登場したことを踏まえると、この時期に同人誌創作を取り巻く環境の変化があったことは推測できる。

　現在ではテレビメディアに取り上げられることも少なくないコミックマーケットであるが、実際にはコミックマーケット以外にも他の企業が主催する同人誌即売会は数多くある。コミックマーケットは夏と冬の二回の開催であるが、赤ブーブー通信社[注11]やスタジオYOU[注12]などが主催する同人誌即売会は時期を問わず行われており、規模の大小があるものの、ほぼ毎週どこかの会場でイベントが開かれている状況である。

　こうした盛況なイベント状況から、二つのことを指摘できる。第一には作家

注10　「コミックマーケット年表」https://www.comiket.co.jp/archives/Chronology.html、2018年11月11日閲覧。
注11　赤ブーブー通信社、https://www.akaboo.jp/、2018年11月11日閲覧。
注12　スタジオYOU、http://www.youyou.co.jp/、2018年11月11日閲覧。

第2節　作家を取り巻く「環境」を考える

の増加である。描き手・書き手として作品を出品する「サークル参加者」がいなければ、そもそもイベントを成り立たせることは出来ない。多種多様のジャンルが開催地・開催時期を問わず開かれているという現状の背景には、絶対的な「描き手・書き手」の増加があると考えられる。第二には、作品を購入するためにイベントに参加する「一般参加者」＝「買い専」の増加である。ほとんどの同人誌即売会ではパンフレットの購入が入場証を兼ねているため、やはりある一定以上の「一般参加者」の動員がなければ、イベントを継続すること自体が困難となるだろう。

　作家と読者が相対的に増加した現状は、同人誌以外のところにも影響を与えた。2015年に筆者が行った調査では、出版社と作家との関係性にも変化が現れたことが明らかとなっている[注13]。

　BL雑誌の編集者A氏（女性）によれば、BL作家は同人誌即売会をきっかけとして商業雑誌デビューする人が多いのだという。実際、今回インタビューを行ったX氏は持ち込み原稿によるデビューではなく、編集者からスカウトされたことがきっかけで商業雑誌デビューを果たしている。Y氏もまた、同人誌即売会に出版社が出店していた持ち込みブースに、自作を持ち込んだことがきっかけでスカウトを受けている。

　すなわち、従来の漫画雑誌が行ってきたような「雑誌に投稿された作品から新人を発掘」し「編集者の手によって作家を育成する」という機能は、現在のBL雑誌はほとんど果たしておらず、同人誌即売会やpixivなどですでに人気の出ている作家に対し、編集者が自社雑誌での連載や、単行本化を打診することが主流になってきているのだという[注14]。

　X氏・Y氏によれば、「すでに人気の出ている作家」あるいは「すでに著名な作家」をスカウトすることで、作家についている読者を自社雑誌の読者として引き込むことが出来る、というメリットもあるようだとのことであった。

注13　「出版史研究の手法を討議する：出版研究における「読者像」の揺らぎについて（2）」、日本出版学会HP、関西部会・臨時増刊。http://www.shuppan.jp/bukai13/741-2.html、2018年11月11日閲覧。
注14　前掲（注4）。

89

4. 作家にとっての「担当編集者」とは何か？

　このような状況の中で、作家は編集者に対してどのような意識を持っているのだろうか。

　まずX氏は「商業作品から漫画を発信することになった人とか、それこそ『週刊少年ジャンプ』とかゴリゴリのメジャー誌に関しては編集とやりとりをして売れ線を考えていくという作業は必要だと思いますが」と前置きをした上で、「例えばBLとかマイナーな雑誌とか、いま担当編集が入ることによって余計な濁りが入る気がする」から担当編集者は要らないのではないか？と疑問を呈している。

　またY氏は、こうした状況の中で、作家と編集者の関係にも変化が出てきていることを指摘している。

> 　昔から考えて圧倒的に違ってきてると思うのは、漫画を描いてる人数がめちゃめちゃ増えてると思うんですよ。昔の編集者が何人の作家さんを持っていたのかは知らないですけど、私の知っている編集者で一人30人くらい持ってるっていう話を聞きます。それを考えると、一日の業務をその人たちに割り振るとそんなにプレゼンとかしてる間もないかもしれないです。それこそネームのチェックをしたりとかだけでも大変だろうし。

　X氏・Y氏の所感は、2015年に行った編集者へのインタビュー調査を裏付けるものである[注15]。「編集者一人」で「約30人」の作家を担当している現状では、個別の作家に対して深く関わることは時間的に相当難しいことが想像でき、そうした状況から作家の側にも不信感が芽生えるという悪循環が出来上がってしまっていると考えられる。

　さらに、作家の意識の中で商業活動と同人誌活動の位置付けが変化してきていることも明らかとなった。例えばX氏は1種類数千部を販売する自身のことを、今活動しているジャンルの中で発行部数の多い「大手サークル」だとは思っていないという。それにも関わらず、明確に「商業の方が儲からない」「印税とかにしても同人誌はダイレクトに入ってくるから。直接のお金の動きが断然大きい」と述べている。そして「商業に対する憧れとか本が出て、本屋さんに本

注15　前掲（注13）。

が並んでバーコードがつく[注16]とか。そういうことにやっぱり興味がある、憧れがあるし、やりたいなと思う」と述べながらも、「楽しさとか稼げるとかやりがいとかを考えたら、今は同人誌の方が数倍あると思う」と結論付けている。

　そうした傾向は、女性向け漫画よりも男性向け漫画の方がより顕著であることも指摘しており、作家によっては1種類1万部以上を売り上げる作家もいること、さらには「同人誌を売るための宣伝として商業活動をする」作家もいると述べている。

> 男性向けはコミケの方が断然盛んだから、お金の入りも多いし単価も高いし。セット売りとかをすごいするから。今は一般の人もコミケに来るから、特に男性向けのエロマンガ本を買うような層はコミケに同人誌を買いに来るようなことも普通にするし、ダウンロード販売っていうのも今は普通にやってるから、BOOTHとか。

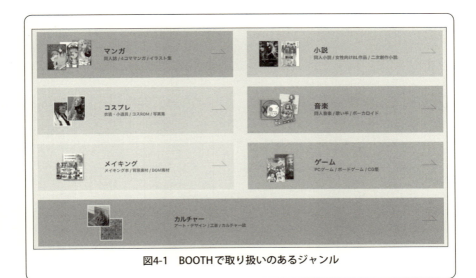

図4-1　BOOTHで取り扱いのあるジャンル

注16　書籍には出版物専用の「書籍JANコード」が採用されており、裏表紙やスリップに印刷されている。同人誌は自主出版であり一般書籍とは異なるため、書籍JANコードの割り振りがない。

■ 第4章　出版研究における「読者」

　BOOTH（ブース）とはpixivと連携した、「創作物の総合マーケット」のこと
である。「無料で簡単にショップを作成でき、商品の保管・発送代行サービスも
提供しています！」と謳われており、アカウントさえ取得すれば誰でも作品を
出品することが出来る[注17]。**図4-1**のように「マンガ、小説、コスプレ、音楽、メ
イキング、ゲーム、カルチャー」などのサービスが提供されている。

　またX氏自身も、同人誌を専用の業者に委託して販売しており、インターネッ
トや店舗販売によって、イベントに参加しなくても同人誌を購入できるように
しているという。

　このような状況を総括すれば、現在の作家はさまざまなツールを駆使しなが
ら、自作品の企画・宣伝・販売までを一手に引き受けているという状況が見え
てくる。すなわち、かつて作家と二人三脚で作品を作り上げていた「担当編集
者」の存在は作家の中で重要度が下がっており、また著名な雑誌に掲載される
のでなければ必ずしも商業誌での活動にはこだわらない、という意識の作家が
登場し始めていることが指摘できるのである。

注17　https://booth.pm/ja、2019年3月21日閲覧。

第3節　SNS全盛時代における「読者論」

第3節

SNS 全盛時代における「読者論」
―読者とリアルにつながる作家―

1. イメージとして作られる「BLの読者」像

　一般的な新聞や雑誌記事を概観した時、BLを愛読する読者は「腐女子」と表現され、他のジャンルの「読者」とは一線を画す存在として取り扱われているという特徴がある。「腐女子」は従来にはない言葉であるため、その言葉の説明も必要とされる。

> 「腐女子」とは、女性のオタクの中でも特に男性同士の恋愛（「ボーイズラブ」）を描いた漫画や小説を好む人びとを指す。オタク女性たちが「私たちは腐ってるしい」と言い出したことに起源があるらしい[18]。

> 腐女子とは、漫画でも小説でも実在の人物でも、男2人をカップルに仕立て上げ、めくるめく同性愛の世界を妄想する女性のこと[19]。

　さらに『週刊朝日』2012年04月20日号では、フィギュアスケートの羽生結弦選手や、ドラマ『相棒』について、「腐女子」が妄想の世界で男同士をカップルにして楽しんでいる、という「オジサマには理解し難い」世界があることを紹介している[20]。
　こうした妄想を楽しまない女性も多いことは想像が出来るが、記事ではあくまでも「BL愛読者」を「読む／読まない」ではなく、「男性／女性」という二

注18　『『腐女子化する世界』杉浦由美子著 女子にもオタク的感性」（『読売新聞』2006年10月29日号）。
注19　「特集ワイド：腐女子の世界 静かに広がる」（『毎日新聞』2009年7月10日号）。
注20　「フィギュア羽生に新『相棒』成宮、世間の腐女子たちが萌え〜ワイド・残る桜も散る桜」（『週刊朝日』2012年4月20日号）。

93

■ 第4章　出版研究における「読者」

項対立で解釈されている。

　以上のように、イメージで語られる「読者」像は、大多数の名もなき個々の読者たちを「BLの愛読者」という大きな主語にすり替えるものであり、当然そこからはリアルな読者像というものは見えてこない。

　では、作家は「読者」をどう捉えているのだろうか。インタビュー調査から読み解いていきたい。

2.　雑誌の読者アンケートは「読者」に迫れるか？

　2015年に筆者が行ったインタビュー調査によれば、A氏が勤めている雑誌では読者アンケートを実施しており、読者からの意見や感想を集計している。アンケートの回答率は、販売部数の2%程度であるという[注21]。

　BLに限らず、雑誌の実売数を把握することは極めて困難であり、出版社による公称の発行部数を参考にするほかない。まず、**表4-1**に『出版月報』の「コミック誌ジャンル別銘柄数・年間推定発行部数」から作成した表を示した。昨今の出版不況を裏付けるように、1996年から2018年までの間に発行部数は3分の1ほどまで激減している。

　しかしここに示した「発行部数」は、BL雑誌だけでなく青年誌、レディスコミック、パチンコ・パチスロなどの売上げも含んでいるため、正確なBL雑誌全体の発行部数の把握は出来ない。

　そこで個別の雑誌の発行部数を調べるため、『雑誌新聞総かたろぐ』に掲載されたBL雑誌の「発行部数」データから、公称発行部数一覧を作成した（96ページの**表4-2**）。年度によっては、雑誌は刊行されているが『雑誌新聞総かたろぐ』にデータが掲載されていない時もあったため、そういった場合は空欄とした。

　ほとんどの雑誌が、ほぼ同じ発行部数を提出しており、データにほとんど変化は見られないこと。編集者へのインタビュー調査においても、BL雑誌の発行部数の減少は加速する一方であることが明らかとなっており、実売数の減少は公称されているデータよりも遥かに厳しいものであることが予想される。

　以上を踏まえた上で、「2%」のアンケート回答率を公称発行部数に当てはめて考えると、最も発行部数が多い雑誌で「4,400通」、最も少ない雑誌で「400

注21　前掲（注13）。

第3節　SNS全盛時代における「読者論」

表4-1　「大人向け」雑誌に分類されたボーイズラブ雑誌 [注1] の銘柄数・年間推定発行部数

	銘柄数［誌］	前年比［%］	発行部数［万冊］[注2]	前年比［%］	部数構成比［%］
1996	7		13,245	101.3	8.3
1997	10		13,559	100.1	8.9
1998	10		13,549	102.3	8.7
1999	10		12,982	95.7	8.8
2000	10		12,102	93.2	8.8
2001	12		10,824	89.4	8.3
2002	11	91.7	10,469	96.7	8.1
2003	11	100.0	10,541	100.7	8.4
2004	11	100.0	10,455	99.2	8.8
2005	13	118.2	12,259	117.3	10.8
2006	15	115.4	11,358	105.0	10.6
2007	14	93.3	11,381	100.2	11.1
2008	14	100.0	10,527	92.5	10.5
2009	16	114.3	10,020	95.2	10.5
2010	16	100.0	8,838	88.2	10.4
2011	15	93.6	7,938	89.8	10.2
2012	16	106.7	7,454	93.9	10.3
2013	17	106.3	7,180	96.3	10.4
2014	16	94.1	6,498	90.5	10.1
2015	16	100.0	5,437	83.7	9.1
2016	16	100.0	4,821	88.7	9.1
2017	16	100.0	4,270	88.6	9.1
2018	16	100.0	3,930	92.0	9.2

※『出版月報』「コミック誌ジャンル別銘柄数・年間推定発行部数」より作成
注1：「ボーイズラブ」という表記が始まったのは2007年からである。
注2：発行部数、前年比、部数構成比のデータは、青年誌、レディスコミック、パチンコ・パチス
　　　ロといったBL雑誌以外の売上げも含む。

通」となる。

　ではこれらの回答を寄せた「読者」を編集者はどのように見ていたのか。イ
ンタビューではアンケートに回答をする「読者」層の偏りを編集者自身が認め
ており、アンケートの結果からだけでは断定は出来ないことも指摘している[注22]。

　従来の研究でも指摘されてきた「出版社に対して能動的に活動する「読者」
は読者全体を代表出来ない」という問題は、現役の編集者も感じているのだと
言えよう。

注22　前掲（注13）。

■ 第4章　出版研究における「読者」

表4-2　BL漫画雑誌の公称発行部数一覧（単位：万部）

雑誌名 ＼ 発行年	1998	1999	2000	2001	2002	2003	2004	2005	2006
ihr HertZ									
Guah							10	10	10
花恋									
コミック June									
Cheri+									
CIEL									
少年天使			3.5	8		6			
JUNK! BOY				10	10	10	10	10	10
Daria				1.5	1.5	1.5	1.5	1.5	1.5
CitaCita									
Dear+			25	25	25	25	25	18	18
drap									
花音				15	15	15	15	15	15
SHY	7		7						
花丸漫画	3.5	5	（休刊）						
BE・BOYGOLD	15	15	15	15	15	15	15	15	15
BOY'S ピアス									
Boy's LOVE									
BOY'S ピアス禁断									
月刊 MAGAZINE BE × BOY	15		15	15	15	15			15
コミック Kanaan							3.5	（休刊）	
ルチル								20	20

※『雑誌新聞総かたろぐ』より作成
注：収録の都合上、部数の単位は、「万」単位で」表記した。

2007	2008	2009	2010	2011	2012	2013	2014	2015	2016	2017	2018
							5	5	5	5	5
10	10	10	10	10	10	10	10	10	10	10	10
		10	10	10	10	10	10	5	5	4	3.5
	3	10	10	10	10	(休刊)					
					20	20	20	20	20	20	20
							3.8	3.8	3.8	(休刊)	
(削除)	(削除)	(削除)	10	5	5		2	2	2	(休刊)	
1.5	3	3	3	3	3	3	3	3	3	3	1.5
		6	6	(休刊)							
18	18	18	20	22	22	22	22	22	22	22	22
	10	10	10	10	10	10	10	10	10	10	10
15	8	8	8	8	7	7	5	5	5	5	5
15	15	15	15	8	8	8	5	5	5	5	5
	3	10	10	10	10	10	10	10	10	10	10
	3	10	10	10	10	(改題↓)					
						10	10	10	10	10	10
データなし	15	15	15	8	8	8	5	5	5	5	5
20	20	20	20	20	20	20	20	20	20	20	3

3. 作家と繋がる「読者」の登場

　では作家の側はどうだろうか。まず同人誌活動を中心に漫画を執筆している X氏に対して、自身の読者について質問をしたところ、「私が作品を描き始めた時にはpixivやTwitterがすでにあったので、読者の声に飢えることもありませんでした。」という答えが返ってきた。つまり、同人誌即売会などのイベント会場やネットツールを使うことで、出版社や編集者を通すことなく、個々の読者と直接的なやりとりを行っているとのことであった。現在X氏のTwitterのフォロワー数は1万人弱おり、作家だけでなく読者ともつながりを持ってやりとりをしているという。

> （年齢は）20代半ばから後半ぐらいが多いかなと思っています。30まではいってないなっていう感じの子が多そう。イベントで会う人とか、Twitterのやりとりとか見てて。本当にこれは体感でしかないですけど。10代ほどの若々しさとか痛さとかもないし、ある程度会社員なりたて新人とかでもない話をしていたりとか。乗ってる車のランクとか。そういうのとかでなんとなくそれぐらいかなって。20代後半から32歳くらいまでかな。

　TL（タイムライン）に流れてくる読者の「生の声」を読むことで、自身の作品を読んでいる読者層についてある程度の把握が出来ているという。

　また作品への感想は随時読者から届いており、それらは「編集部に手紙が届いてそれが私に届くよりも、私のTwitterに直接リプがくるとかマシュマロ[注23]とか、それらを使えることで送る方もより気軽に感想を送れる」と述べ、「昔よりも断然読者の声は届きやすい」ことを指摘している。貰った感想は作品に影響することはなく、主に「喜んでもらえているということ」「方向が間違ってはいない」ことを確かめることに使っているという。

注23　匿名のコメントサービス。公式HPには「傷つく人を減らしたい／匿名のメッセージは怖い。素敵な本音と一緒に、最低な悪口が届く。／でもマシュマロなら怖くない。／匿名のメッセージを受け付けるのに、悪口は来ない。そんな安全な場所がマシュマロです。」「ネガティブな内容のものはAIがこっそり削除しちゃうので、ポジティブなものだけがあなたに届きます」と紹介されている（「マシュマロ」https://marshmallow-qa.com/、2018年11月11日閲覧）。

このようなネットツールについてX氏は次のように総括する。

　手間がない。便箋を買って、住所名前を書いて、切手貼って投函して、という。本当にワンクリックで送れる。なんだったら同人誌の奥付にQRコードをつけたり。私はマシュマロをつけましたけど、他の人はグーグルのアンケートボックスをつけていて、チェックボックスを作って文章を書くのが苦手だからと気後れしている人でも送りやすいし、描いてる作者もそこでアンケートがとれるからどこがウケたのかについて統計もとりやすい。

　また、このような作家が行うアンケートでは「この本を読んでどう感じましたか？とか、楽しかった、切なかったとか感情とかだったり、今後読みたいものありますか？」など、作品に関する具体的な「感想」を求めることのみを主としており、社会的属性や年齢に関することは一切質問項目には含めないとのことだった。その理由として、これまで「作家」と「読者」をつないでいた「出版社」という存在を介さない直接的なやりとりであるが故に、作品に関する以外のことを質問することで「もしかして炎上する可能性がなきにしもあらずだなと思う。何のためのデータをとりたいんだっていう、そういう気持ち悪さを感じられてしまうと、ちょっと怖いかもしれない」という危機感から、未然にリスク回避をしていると述べている。

　回答率について尋ねると、「QRコードでの感想は、1000〜3000通とか返ってきていると思う」とのことであった。また作家によってTwitterのDM（ダイレクトメッセージ）の開放、Twitterのリプライ、メールフォームの設置といったように様々なコンタクトルールを使い分けており、読者とのやりとりも一様ではないという。

　しかしこれらに共通しているのは、「匿名」「ワンクリックで送れる」「直接作家に感想を伝えられる」という手軽さであり、従来にはなかった手軽さを「インターネット」によって作家と読者の双方が手に入れたことは特筆すべき点であろう。

　一方、Y氏もTwitterのアカウントを持っており、現在3万人弱のフォロワーがいる。Y氏もX氏同様、Twitterを介して読者とのつながりを持っているとのことだった。マシュマロのQRコードを同人誌の奥付に貼り付けるという同様

第4章　出版研究における「読者」

の取り組みを行っており、以前よりも感想の数が多くなったと述べている。中には自身のTwitterアカウントを書いてくる読者もいるそうだが、基本的には皆匿名であり、「発信者がわからない」というツールの特徴が感想の送りやすさを生んでいるのではないか、と推測していた。

　さらにY氏は現在連載中のネット配信サイトから、数か月に一度、作品へのアクセス解析表を貰っているという。具体的なアクセス数については伏せたものの「見たら『まぁ、そうですか！』ぐらいの数はあった」と言い、次のように述べている。

　　私世代だと、見てる人は見てるけど電子書籍を見ることがそんなにそこまでは近くはないので、全然とか思うんですけど。主婦の方とか多いですね。うちとこの読者層も30代、40代、50代が多いです。

　また、ネット配信の作品には個別のレビューが公開されており、作品の良し悪しについても星をつけられて批評されるという。

　　昔でいうとアンケートもだし、ファンレターとかあったりとかすると思うんですけど、今もファンレターとかくるものはくるんですけど、でも多分レビューが一番見えるんじゃないですかね。その代わり悪いものもいいものも。星もつきます。レビューを見てまだ読んでない人が、面白い面白くないを見てくるので。判断にされると思います。

　　レビューはこわいです。配信サイトさんによると思うんですけど、キャンペーン等の期間限定イベントの時に書き込めばポイントが貰えるので、そのポイントが貯まると1話なにか好きなものを無料で読めたりするようなシステムだったりするんですよね。あと1ヶ月の投稿レビュー件数でランキングが出てるようなので、このランキング上位に入りたい人はポイント関係なく書き込むのではと思います。

　こうしたシステムは、ファンレターやアンケートといったアナログな方法で感想を送っていた時代とは明らかに差異がある。読者は自身の感想を作家に直接伝

100

えるだけでなく、作品の未読者に対して一定の影響を持つ「批評家」としてネット上に存在していることになる。Y氏個人の話ではないと前置きしながらも、当然そういった「読者の声」に作品の展開が左右される作家も少なくなく、また星の数によっては連載が打ち切りになるケースもあるとのことであった。

4. 「読者」との距離感を自己プロデュースする作家

　ネットツールを介した読者との直接的なやりとりが可能になったことで、それまであった出版社・編集者という存在がなくなり、作家と読者がより密なコミュニケーションを行えるようになったと言えよう。こうした状況は「今・ここ」という反応が作家にダイレクトに返るため、作家はモチベーションや達成感を得やすいことが指摘できる。

　しかしその一方で、作家は不特定多数の読者から嫌われないための方策を強いられることになる。X氏・Y氏ともに共通していたのは、「読者」からの感想に対する返信に細心の注意を払っているという点であった。

　　ややこしい人を引き寄せるTwitterのやり方ってきっとあると思う。逆にこの人に何を言っても無駄だなと思わせるツイートもきっとあると思います。それを目指してTwitterはしてる。（X氏）

　　変な誹謗中傷系のやつ以外は全部返すようにしてるんですよ。贔屓じゃないけど、この人は返してこの人は返さないっていうようなことをしないようにしてるんで。（Y氏）

　こうした作家の自衛は、「読者」との距離感を自己プロデュースする時代に突入したと言い換えることも可能である。コンタクトツールを「どこまで」「どのように」使うのかによって、作家は読者との距離を「作れる」。もはや現代の作家にとって「読者」とは、発行部数やアンケートなどの「データ」ではなく、生活レベルや乗っている車まで知っている「個人」である。望めばどこまでも個人的なやりとりができる環境が整っているからこそ、作家は「読者」と一定の距離を保つ。それらの自衛は、「一つ間違うと大炎上するし、すごい反感か

101

■ 第4章 出版研究における「読者」

う」（Y氏）ことを未然に防ぐためであり、ひいては自身の作品を多くの「読者」
が好意的に手に取ってくれることへの営業活動でもある。

　現在、BLとTLの漫画を描いているY氏は、同人誌活動（BL）と商業活動
（TL）を明確に分け、特にTL作品から自身のファンとなってくれた読者が、自
身がBL作品を描いている作家でもあることを知られないよう、情報管理を行っ
ているとのことであった。

　　　TLやってる人が、もともとBLで二次（創作）の方が好きなんだって思っ
　　　た時に、女の人って結構気持ちがガランと変わる人もいるので、そこはも
　　　う飛ばないようにしようねって創作の方（のTwitter）には二次（創作専用
　　　の）アカウントはつけてないんですよ。逆はありだけど。TLからBLで私
　　　は無理っていう仲違いに巻き込まれるのも嫌だし。

「読者」が不快な思いをしないように、という配慮からなされていることはも
ちろんであるが、やはりそこに見えるのは「絶対にめんどくさいことには巻き
込まれたくない」という強い自衛意識である。

　同日のインタビューではなかったにも関わらず、X氏は自身のことを「ユー
チューバーと似ている」と評し、Y氏は「タレントでもないですけど」と評し
た。作家は作品を「読んでもらう」だけでなく、作家自身が「見られる」時代
に突入したことを思わせる表現として興味深い結果であると言えよう。

102

第4節

出版研究者が
取り組むべき課題とは何か？
―「記録すること」の重要性―

　以上、インタビュー調査を通して、「現在」の作家が見る読者像と作家と読者の関係について考察を試みた。今回は、同人誌活動を主とした作家へのインタビュー調査を行ったものであり、当然のことながら、商業雑誌を主として活動する作家に全てそのまま当てはめることは出来ない。しかしインタビューから明らかとなった、作家と出版社を取り巻くメディア環境の変化とその影響については、いずれは出版業界の広範に及ぶものとなるはずである。

　調査の結果、明らかとなったのは、出版社を介さなければ感想を伝えられなかった時代とは異なり、「読者」が容易に作家と直接的なコンタクトを取ることが出来るようになったという現状であった。

　作家は自身の言葉で作品への感想を求めることが出来、自分が欲しいと思う情報を読者から得ることが出来る。読者もまた、自身の言葉をリアルタイムで作家に届けられることが出来るようになったのである。

　こうした状況は双方にとってメリットも多い一方で、作家の側が「読者」との距離感を間違えば、途端に「大炎上」するデメリットも孕んでいる。それ故に作家は、個別の読者を「読者」という大きな主語で語り、「誰のことも特別扱いしない」というスタンスを表明せざるを得なくなった。インターネットの登場により、「読者」はもはや「名前のない人々」ではなくなっているにも関わらず、作家の自衛として、個別の読者は「名前のない読者」に置き換え直されているのである。

　ではこうした時代状況の中で、われわれ出版研究者は何が出来るのだろうか。

　例えば、若者が書籍を買うという習慣がないという指摘は、様々なところで

第4章　出版研究における「読者」

幾度となく為され、懸念されてきた。例えば『出版月報』2012年2月号には、「若い世代にコミック雑誌を読む習慣を」[注24]という見出しが登場し、『出版月報』2013年11月号には、「シニアが本を読み、若者が本を読まなくなった」「懸念されるのは10〜20代の若年層の読書率がこの40年で漸減状態にある」[注25]という記事が掲載されている。

清水一彦による「若者の読書離れ」に関する研究で指摘されているように、「若者の読書離れ」という表現には慎重になるべきであるが[注26]、生まれてからインターネットが生活の一部になっていた世代と、それ以外の世代では明らかに「読む」という行為に差異があり、そのことと雑誌の売上げが激減している昨今の出版状況は関係があると考えても問題はないだろう。

だが本文中で指摘したように、コミックマーケットをはじめとする同人誌即売会は盛況が伝えられており、年々参加者も増加の一途を辿っている。果たして「読む」という行為は廃れたのだろうか。出版の発行部数からだけでは計れない新しい読書の形がある可能性はないのだろうか。こうした検討は、「今・現在」が「過去」になってしまってからでは難しい。

出版史料を取り扱う研究者として、過去の史料の分析・考察は必須であると考えるが、「今・現在」の出版状況を後世に「残す」こともまた必要な作業である。例えば本章が明らかにしたように、現在の読者を把握するためには、以前のような雑誌の投稿欄や編集者の日記を使用するだけでは十分ではなく、出版業界全体の変化やSNSを中心とした新しいネットツールについても目を配る必要があろう。数年、早ければ数ヶ月で移り変わっていくネットツールを、作家・編集者・読者それぞれがどのように使用しているのか。SNSの状況の確認や作家・編集者のインタビュー調査による現状の把握はますます重要である。

すなわち、われわれ出版研究者も、研究対象を過去に限定してしまうのではなく、長期的なスパンを自らの研究に取り込むことで、出版史料研究に寄与することもまた可能であると考える。自身が取り組む問題として、そしてこれから出版研究を志す者に対して、課題を提起して本章を終わりたい。

注24　「特集　コミック市場最前線」（『出版月報』2月号、全国出版協会・出版科学研究所、2012年）。

注25　「特集　検証 出版界の現在と今後」（『出版月報』11月号、全国出版協会・出版科学研究所、2013年）pp.4–13。

注26　清水一彦「『若者の読書離れ』という"常識"の構成と受容」（『出版研究』45、2014年、日本出版学会pp.117–138）。

参考文献案内

参考文献案内

　筆者の専門から、出版研究の中でも特に「雑誌メディア」と「読者」について考える際に押さえておきたい参考文献を紹介する（五十音順）。また、ここで紹介した文献をさらに発展させた研究も発表されているので、そちらも合わせてご参照いただきたい。

＊飯干陽『木村小舟と『少年世界』』（あずさ書店、1992年）

＊今田絵里香『「少女」の社会史』（勁草書房、2007年）

＊岩橋郁朗『少年倶楽部と読者たち』（刀水書房、1988年）

＊遠藤寛子『『少女の友』とその時代』（本の泉社、2004年）

＊講談社社史編纂委員会編『講談社の歩んだ五十年＜明治・大正篇＞＜昭和篇＞』（講談社、1959年）

＊佐藤（佐久間）りか「「清き誌上でご交際を」― 明治末期少女雑誌投書欄に見る読者共同体の研究」（『女性学』Vol.4、日本女性学会、1996年）pp.114-141。

＊実業之日本社編『少女の友　創刊100周年記念号』（実業之日本社、2009年）

＊中川裕美『少女雑誌に見る「少女」像の変遷』（出版メディアパル、2013年）

＊永嶺重敏『雑誌と読者の近代』（日本エディタースクール出版部、1997年）

＊根本正義『子ども文化にみる綴方と作文』（KTC中央出版、2004年）

＊前田愛『近代読者の成立』（有精堂選書〜岩波書店〜岩波書店、1973年〜1993年〜2001年）

＊山岡重行『腐女子の心理学』（福村出版、2016年）

＊渡部周子『〈少女〉像の誕生』（新泉社、2007年）

105

■ 第4章 出版研究における「読者」

Column

出版研究者とインタビュー調査の関係とは

　筆者が最初にインタビュー調査を行わせていただいたのは、『少女クラブ』最後の編集長であり、手塚治虫の担当編集者を勤めた故・丸山昭氏であった。神奈川近代文学館に資料調査に赴いた際、司書の方にご紹介いただいたのが縁である。丸山氏とは10年以上の付き合いとなった。決して短くはなかったその中で、丸山氏が繰り返していた言葉がある。それは「編集者は黒子」という言葉である。『トキワ荘実録』（小学館、1999年）を出版した際にも、黒子である編集者が本を出したことを随分批判されたと教えてくださった。

　それにも関わらず、丸山氏はその後も自身の仕事について記録として残し続けた。その一部は『ビランジ』（「竹内オサムのホームページ」、http://www8.plala.or.jp/otakeuch/、2018年11月11日閲覧）の長期に渡る連載記事としても読むことが出来る。

　丸山氏に限らず、思い出話に研究の価値などないと考える編集者は多い。おそらく編集者の方々からすれば、日々の業務に過ぎなかったことをなぜそれほどまでに聞きたがるのか、というところが本音だろう。では、われわれ研究者はあくまでも自身を「黒子」だと自認する彼らの口をどのようにして開かせ、後世に残る記録として残していけるのだろうか。

　筆者が感じるのは、「出版研究者」としてどれだけの誠意を見せられるか、ということである。インタビュー調査が重要だからといって、いきなり話を聞かせて欲しいとお願いするのはやはりすべきではないだろう。すでにある資料・史料を読み込んだうえでコンタクトを取り、実際に携わった方々でしか知り得ない情報を記録していくことが重要である。

　また忘れてはならないのは、「リアルな証言」は時として力を持ちすぎるという点である。「リアルな証言」であるからこそ、取り扱いには注意や配慮が必要となる。そうした判断をどのように行うのか。また「リアルな証言」が持つ力に振り回されないようにするにはどうするべきか。この問題に取り組む際にも、やはり資料・史料の分析・考察は不可欠であるだろう。まずは「もの言わぬ資料・史料」と向き合うこと。「出版研究者」が行うインタビュー調査を意味あるものにするためには、このことを忘れてはならないと筆者は考える。

第 5 章

書物を誌す
―出版史と書誌学の交錯をめざして―

磯部　敦

本章の内容

　あたりまえがあたりまえになる前、それはあたりまえではなかった。このあたりまえの事実が本章の出発点である。あたりまえはいかにしてあたりまえになったのか。この問いを本章に引きつけていえば、書物の自明性を疑う、ということになる。本章では、明治前期の書物をとおして、書物の出版史料としての可能性とそのアプローチ方法とを検討していく。出版史研究の課題は、あたりまえ以前の状況のなかからおのずと立ち現れていくだろう。

　思い返してみてほしい。判型や表紙、装丁、帯は、選書時におけるあなたの判断材料になっていなかっただろうか。フォントやマージン、字間や行間はあなたの読みやすさや読みづらさに関係していなかっただろうか。厚さや重さは、あなたの読書の場や姿勢を規定してはいなかっただろうか。そもそもあなたが何らかの資料を作る際、こうしたことを考えて作ってはいなかっただろうか。読者（他者）の存在を確固たるものとして意識するならば、書物のこのような側面は、出版史研究における重要な検討課題となる。

　読書の場や読書言説において、内容の背後で朧化していく書物にもう一度モノとしての輪郭を浮かび上がらせること。私のもくろみはここにある。

■ 第5章　書物を誌す

第1節

その書物をどう説明しますか？
―書物の物的側面とはなにか―

1. 出版史料、多種多様

　出版史研究において、本屋の内部史料ほど魅力的なものはない。見積もりや実費等の諸費用書類、取引先との往復文書といった史料群は、営為の実態をもっとも確実に伝えてくれるからだ。本章が対象とする明治前期でいえば、京都在の仏書屋であった法文館沢田友五郎の、幕末から明治30年頃までの内部史料が現存している[注1]。営業期間のすべての文書が残っているわけではないものの、営為の詳細がうかがえる貴重な史料である。

　しかしながら、内部史料は天災や倒産などによる廃棄散逸で残ることが稀な史料群でもある。私たちは、どこかに残されているかもしれない内部史料を日々探索しながらも、対象となる出版社や同時期の出版状況を明らかにするべく別の方法からもアプローチしていくことになる。出版史研究者の稲岡勝はいう。

　　われわれが追究している出版史料は、（中略）なかったのではなくて、いろんな所に部分的に散在している。そのかたちは、書籍、新聞、雑誌などのメディアから、書簡・日記、法令、また関係者の記憶や回想、記念の写真等々、本当にさまざまですが、そういう一級史料をこまめに掘り起こしていくことがまず第一歩です[注2]。

注1　京都大学附属図書館所蔵『京都書籍出版文書』。この文書については、拙著『出版文化の明治前期 ―東京稗史出版社とその周辺―』（ぺりかん社、2012年）第2部4〜5章を参照。

注2　浅岡邦雄・稲岡勝・鈴木俊幸・牧野正久「〈座談会〉出版史研究の現状と課題 ―ここ10年の近世・近代出版史を振り返りつつ― 」（『日本出版史料』10、日本出版学会・出版教育研究所共編、日本エディタースクール出版部、2005年）p.66。

108

第1節　その書物をどう説明しますか？

　本章では、このうち書物を考察対象とする。生産・流通・受容の実態に迫り
うる史料を出版史料と呼ぶならば、そのすべてに関わる書物こそ一級の出版史
料といえようし、上記のうちでは比較的入手しやすいものでもある。しかしな
がら、その身近さゆえに史料的側面を見過ごしていなかっただろうか。

2.　物的側面からの出版史

　書物を対象にするといっても、どの出版社がどの作家のどのような書物を出
版したのかを時系列に追いかけるだけではない。先ほどの稲岡は、金港堂を研
究するうえでの諸史料について批判的検討をおこなった「金港堂「社史」の方
法について」のなかで、出版物の史料的価値について次のように述べている。

　　　会社の部内資料たる文書・記録と並んで一等史料といえるものは、出版社
　　の顔とも言うべき刊行物それ自体である。その内容的側面もさることなが
　　ら、出版物の奥付、紙質、印刷、製本、装釘など物的側面からは、様様の
　　データを得ることが出来、その変遷をたどることにより一篇の出版史を構
　　想することも可能であろう[注3]。

　書物の物的側面から出版史を編む。今から30年以上も前の提言ではあるが、
自戒を込めていえば、どれほどのことを私たちは明らかにしえただろうか。そ
もそも私たちは、書物の物的側面が生み出される印刷・製本の現場について、
いったいどれほどのことを知っているだろうか。
　次節からは、書物から看取しうる痕跡をたよりに、生産や流通の現場へ分け
入ってみようと思う。

注3　『出版研究』12（日本出版学会編、講談社、1982年）p.128。

第5章　書物を誌す

第2節

そのミスを見逃していませんか？
―誤植・乱丁から生産現場へ―

1. 誤植 ―印刷所の現場へ

　1882（明治15）年から1885（明治18）年のわずか三年ちょっとしか営業していなかった東京稗史出版社について、私はかれこれ二十数年ほど研究を続けてきたが[注4]、今もって東京稗史出版社の営業実態、たとえば社屋の規模や外観、刷り部数の実際、予約者名簿の管理実態などわからないことが山ほどある。東京稗史出版社が自前で印刷もおこなっていたことは1885年調査の「府下活版営業者調書」より明らかであるし[注5]、その東京稗史出版社が印刷を始めたのはおそらく1882年6月の社屋移転からと見ているのだが[注6]、では東京稗史出版社がどのような印刷機を、また活字をどこからどれほど購入し、何人体制で印刷していたのか、紙折りや製本にどれほどの時間をかけていたのか、などとなると返答に詰まってしまう。こうした疑問のなかには、今となってはもう知りえないこともあるのかもしれないが、だからといってまったく史料がないというわけでもない。

　1882年10月、曲亭馬琴の読本『三七全伝南柯夢』が東京稗史出版社より翻刻出版された。半紙本型和装本。本文は四号の明朝と仮名が四分空きで組まれている。仮名活字には平野活版製造所の四号や続き仮名のほか和様仮名も見られ、シリーズの混在による不揃いな版面が板本らしさを演出している[注7]。

注4　東京稗史出版社については、前掲（注1）拙著『出版文化の明治前期』第一部、および拙稿「書籍の近代 ―東京稗史出版社の明治15年―」（鈴木俊幸編『書籍の宇宙 ―広がりと体系―』、平凡社、2015年）を参照。
注5　『東京市史稿』市街編69（東京都、1977年）pp.532–536。
注6　1882年6月22日付『郵便報知新聞』広告。

110

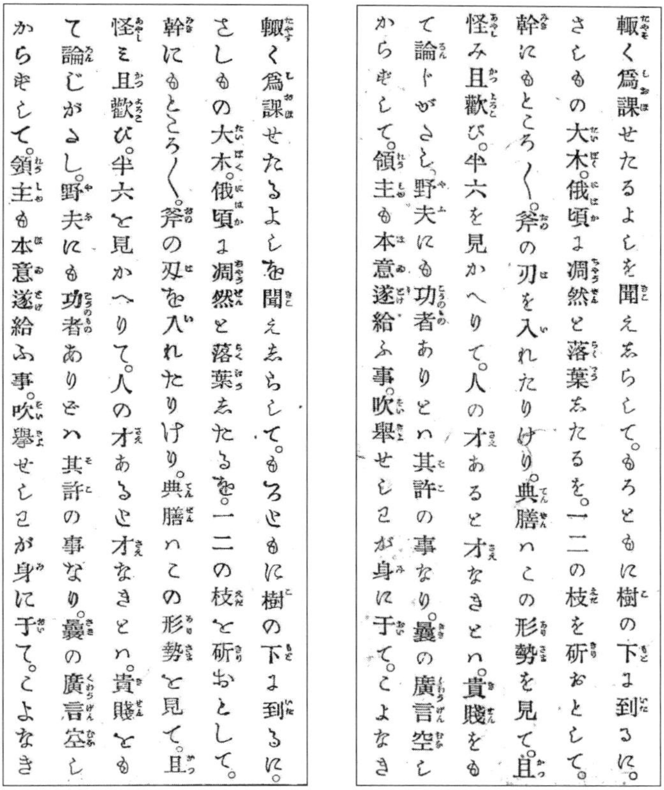

図5-1　左が誤植本、右が訂正本

後ろから2行目、それぞれ「功者ありどハ」「功者ありとハ」とある。活字の違いにも注目。

　さて、同書巻二の一丁オモテには「野夫にも功者あり<u>ど</u>ハ」という誤植があり、のちに「野夫にも功者あり<u>と</u>ハ」と訂正されている（下線磯部）（図5-1）。便宜上、これを「誤植本」「訂正本」と呼び分けておこう[注8]。

注7　活字については、次の文献にもとづいて特定した。板倉雅宣『Vignette03 和様ひらがな活字』（朗文堂、2002年）、片塩二朗『秀英体研究』（大日本印刷、2004年）。

注8　架蔵する誤植本は分冊刊行、訂正本は合冊2冊である。合冊本における角布が東京稗史出版社常用のものと同一であるが、一方で、合冊本の刊記が同書巻五のそれであり、さらに巻六下の跋文が入っていないことなどからすると、あるいは所蔵者による合冊かとも思われ、今のところ判断がつかないでいる。

■ 第5章　書物を誌す

　訂正本は、誤植の一丁のみが新たに組み直されたものであるが、和様仮名は使用されておらず、誤植本には見られない築地活版製造所の四号仮名が入ってきている。そのせいであろう、誤植本に見られた板本らしさは後退して整然とした印象を与える版面になっている。このことから、なにが考えられるだろうか。

　誤植本における、「隣接する仮名については同じ字形の活字を避けて使用」[注9]する組み方に鑑みると、文選と植字は意図的におこなわれたと見てよい。こうした誤植本における組版の傾向は、訂正本一丁からは見てとることができない。すなわち、訂正本一丁は東京稗史出版社ではなく外部発注による印刷ということになる。では、なぜ外注先の印刷所は誤植本のような組み方をしなかったのだろうか。どのような活字を揃えるかは、その印刷所の規模や思想の問題でもある。出版業から始まり、組版から印刷・製本といった本作りの一切から流通までおこなう東京稗史出版社という印刷所と、諸所からの依頼を引き受ける印刷所。「らしさ」の演出よりも均質性の重視である。

　かくして、たった一か所の誤植は私たちを東京稗史出版社の印刷環境や傾向の問題に導いていく。この誤植は、活字の書体選択それじたいが表現であること、そして書物を見る際にも活字書体や印刷所が重要な指標となることを示しているのである。

注9　鈴木広光「開化の軋み —揺籃期の日本語タイポグラフィー」（鈴木広光『日本語活字印刷史』、名古屋大学出版会、2015年）p.247。

112

第2節　そのミスを見逃していませんか？

2. 乱丁──紙折りの現場へ

　拙稿「紙型と異本」[注10]は、活版印刷における紙型流用、そして印刷製本における折丁が刊印修の弁別指標となることを論じたものであるが、その折丁とは「ページが順番に並ぶ」ように「一定の順序で」「折り畳んだ（印刷）全紙」のこと[注11]。ただ、書物は折丁を束ねて三方裁ちするわけだから、製本済みの書物から「一定の順序」を再現するのは難しい。そのようななか、古書肆名雲書店が発行する目録に「製本裁断前ノ」「かなのてかがみ だい二十五がう ふろく」が掲載された[注12]。これは25号附録17～32頁が両面に印刷された一紙。折丁の展開図と折り順は、次頁の**図5-2（a）**に記したように、折ったときの袋が地小口にくる地袋右綴じである。「当時ノ面付ケヲ知リ得ル」もので、「明治廿年前後ノ印刷物ガコノ様ナ形態デ伝存スルハ稀」な史料でもある[注13]。珍しいからといってこうした史料の探索をあきらめる必要はないが、ここでは、折丁に対してほかにどのようなアプローチがあるのかを考えてみたい。

　たとえば、乱丁。乱丁は、紙の折り順や折丁順序の間違いから起こる頁の乱れのことであるから、そこから本来の折丁を再現することが可能だ。宮津市教育委員会（前尾記念文庫）所蔵[注14]『西哲夢物語』（1887〔明治20〕年刊）の113～128頁は乱丁になっているのだが、そこはちょうど片面8頁（両面16頁）の折丁である。「かなのてかがみ」を参考に折丁を展開して折り順を調べてみると、折る際に表裏を間違えて折ったために起こったことが確認できる。宮津市教育委員会本と同版の京都大学法学部図書室所蔵本・同志社大学人文科学研究所所蔵本に乱丁は見られず、折り工程に携わった人物のミスで起こってしまったようだ。所蔵館の書誌情報に必ずしも乱丁が明記されているとはかぎらないが、気づいたときは「乱丁」とメモするだけではなく、その乱丁が起きた背景もあわせて考えておきたいところである。

注10　『書物学』8（勉誠出版、2016年）。

注11　JapanKnowledge版『図書館情報学用語事典』（第4版）、「折丁」項。2018年10月27日参照。

注12　『NEWSBOARD』129（名雲書店、2017年）pp.216–217。

注13　印刷前の面付け図と印刷後の折丁展開図とでは、頁の位置に違いがある。本章では「印刷後の折丁展開図」で考察している。

注14　前尾記念文庫は、京都府宮津市出身の政治家で衆議院議長もつとめた前尾繁三郎（1905〔明治38〕年～1981〔昭和56〕年）の旧蔵書。約3万5千冊が宮津市に寄贈され、1983年に一般公開された。現在は宮津市教育委員会と宮津市立図書館が所蔵する。青山忠正「前尾記念文庫所蔵の近代政治家書簡群について」（『佛教大学総合研究所紀要』9、2002年）参照。

113

表
7	10	11	6
2	15	14	3

裏
1	16	13	4
8	9	12	5

（a）地袋右綴じの折丁展開図。折り目が右になるように、右に90度ずつ回しながら谷折り。

表
14	3	2	15
11	6	7	10

裏
12	5	8	9
13	4	1	16

（b）天袋右綴じ（アンカット本）の折丁展開図。折り目が左になるように、右に90度ずつ回しながら谷折り。横組左綴じ式。

表
2	15	14	3
7	10	11	16

裏
8	9	12	5
1	16	13	4

（c）天袋右綴じ（『印刷術』等）の折丁展開図。折り目が右になるように、左に90度ずつ回しながら谷折り。縦組右綴じ式。

注：折り方（順番）について確定しうる資料を見つけるに至っていない。ここでは、ひとまず説明しやすい順番で記述してある。折丁展開図の表裏も便宜的なものであること、併せて注記しておく。

図5-2　折丁の展開図と折り順（磯部作成）

第2節　そのミスを見逃していませんか？

　こうした乱丁のほかに、裁断ミスからもアプローチが可能だ。折りが雑なために折り目が揃わず裁断時に袋が残ったままの箇所であるが、これもまた採録されていなければ分からないという検索の不便さがある[注15]。それより、おなじ未裁断でも、意図的に袋を残したアンカット本のほうが探しやすいかもしれない。むろん、持ち主によってすでに切開されていることが多いが、小口の状態から切った箇所は判断可能だ。夏目漱石の『吾輩ハ猫デアル』上中下（大倉書店・服部書店、1905〜1907年）や『文学論』（大倉書店、1907年）、北原白秋の『邪宗門』（易風社、1909年）や『東京景物詩及其他』（東雲堂書店、1913年）、有島武郎『或女』前後編（叢文閣、1919年）などはいずれも地袋右綴じのアンカット本である。昭和になっても、葉山嘉樹『海に生くる人々』（改造社、1926年）、田中耕太郎『教養と文化の基礎』（岩波書店、1937／1940年七刷）などがあり、明治以来ずっとつづく折り方であった。

　ところが、これとは折り方の異なるアンカット本がある。実見におよんだものを列記すれば、志賀直哉『大津順吉』（新潮社、1917／1920年八版）、有島武郎『生れ出づる悩み』（叢文閣、1918年）、萩原朔太郎『青猫』（新潮社、1923年）、堀辰雄『聖家族』（江川書房、1932年、木炭紙飯版）、太宰治『晩年』（砂子屋書房、1936／1937年三版）などである。折丁展開図は、**図5-2（b）** を参照されたい。これらはいずれも天小口に袋がくるアンカット本なのだが、おなじ天袋でも、萩原朔太郎『月に吠える』（感情詩社・白日社、1917年）は、**図5-2（c）** のように、さらにこれらと異なる折り方になっている。

　大正年間に刊行された活版印刷技術書、たとえば矢野道也『印刷術』上巻（丸善株式会社、1913〔大正2〕年）、島屋政一『活版印刷自由自在』（中田瑞穂堂、1921〔大正10〕年）、印刷文化展覧会協賛会編『印刷の枝折』（朝陽会、1921／1922〔大正11〕年再版）などには面付け図が掲載されているが、そこから印刷折丁を再現してみると『月に吠える』とおなじ展開図になる。そもそも地袋／天袋の違いは、右綴じ／左綴じ、つまり縦組／横組の違いに由来するが[注16]、**図5-2（b）** に「折り目が左になるように」と記したように、志賀直哉『大津順吉』等は横組左綴じの折り方なのである。一方の『月に吠える』は縦組の天袋右綴じ用、つま

注15　国文学研究資料館「近代書誌・近代画像データベース」で「裁断ミス」を検索すると2件ヒットする。ただし、うち一件はアンカット本と思しい（原本未見）。

注16　「右開きの本では、袋になった方が下、左開きでは上に来るのが普通である」。上田徳三郎・武井武雄『製本』（大日本印刷、2000年）p.47。

■ 第5章　書物を誌す

り面付けの段階から折り方に至るまで右綴じに特化したものなのである。

　この天袋右綴じ二種を、「横組左綴じ式」と「縦組右綴じ式」と呼び分けておこう。このことに関連して興味深いのは、縦組右綴じ式の『月に吠える』が、日本近代文学館の名著復刻全集（1969年）・精選名著復刻全集（1972年）・名著復刻詩歌文学館（1983年）ではいずれも横組左綴じ式になっていることである。天袋アンカット本の再現がいずれも横組左綴じ式でおこなわれるのが一般的であるならば、上記二種は発生期における揺れということになろうか。詩歌小説の狭い範囲でしか調査していないが、始まりにおいては洋本やフランス装アンカット本などを意識した趣味的な製本という側面があったかもしれない。地袋よりも天袋のほうがペーパーナイフも入れやすい。しかしもう一つ、自社内、あるいは「折屋」注17をはじめとする外部委託の製本現場における、折り方の統一による作業の効率化という側面も考えておく必要があるだろう。

　このことを論じるには、さらなる諸本調査が必要となる。ただ、ここで確認しておきたいのは、誤植や乱丁といったミスは確実に現場の実態を反映しているということだ。事件は現場で起きている。そしてそれゆえに、同時代の印刷製本状況や史的展開への可能性を内包してもいるのである。

注17　「おりちよう（折帖）」（『書物語辞典』、古典社、1936年）p.20。

第3節　その奥付は信頼できますか？

第3節

その奥付は信頼できますか？
―刊・印・修へのアプローチ―

1. 奥付とはなにか

　その書物が誰によって、いつ、どこで、印刷出版され、どこに流通していた
のか、いつ増刷や改版がなされたのかなど、書物の刊（版）・印（刷）・修（訂）
に関する情報を求めるならば、まず奥付を確認することになる。そこから「著
作者や出版者の氏名と住所、発行年月日、版次と刷次、著作権表示など」を知
ることができるからだ[18]。しかしながら、奥付について詳細な検討をおこなっ
た谷川恵一「近代文献について「奥付の読み方」」[19]が指摘するように、「奥付
に書かれている事項がわれわれにとっていつも自明であるとは限らない」こと
にもまた留意しておかねばならない。

　一例として、末広鉄腸『現今の政事社会』（博文堂）を見ておこう。奥付によ
れば、同書は「明治二十年十月四日版権免許／同年十月十日出版」（**図5-3（a）**）。
その後、「同年十月廿日再版御届」の再版本、「同年十一月一日三版御届」の三
版本、「同年十一月廿四日四版御届」（**図5-3（b）**）の四版本と短期間のうちに版
を重ねている。と言いたいところではあるが、再版本・三版本は版面も折丁も、
木版の序文、そして奥付の売捌書肆一覧や広告の組版まで初版と同一の版なの
である。折丁の頁数やペラ丁などから推すに、刷り置きしておいた本文に後付
けや奥付をそれぞれ付したものと思しい。「版を重ねる」と言うには、まず版面
等を見くらべなければならないのである。四版本は使用する活字シリーズが異

注18　JapanKnowledge版『図書館情報学用語辞典』（第4版）、「奥付」項。2018年11月10日参照。
注19　平成28年度日本古典籍講習会テキスト（2017年1月18日、於国文学研究資料館。https://www.nijl.
　　　ac.jp/pages/event/seminar/images/H26-kotenseki06.pdf　2018年11月10日閲覧）。同論では、奥
　　　付や記載情報の史的展開についても論じられている。

117

■ 第5章 書物を誌す

(a)　　　　　　　　　　　　(b)

『現今の政事社会』初版（a）と四版（b）の奥付。宮津市立図書館（前尾記念文庫）所蔵。

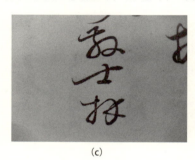 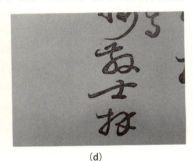

(c)　　　　　　　　　　　　(d)

木版序文における、初版（c）と四版（d）との違い。東海散士序文末尾の署名のうち「散士拝」の箇所より。宮津市立図書館（前尾記念文庫）所蔵。

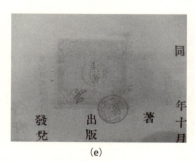 

(e)　　　　　　　　　　　　(f)

初版（e）と四版（f）の証紙。宮津市立図書館（前尾記念文庫）所蔵。

図5-3　『現今の政事社会』諸版の違い

118

なり、また序文も覆せ彫りによるものであろう、初版とは筆勢が異なっており（図5-3（c）（d））、別版、すなわち「版を重ねている」のは確実である。

同書奥付には証紙が貼付されていて、宮津市立図書館（前尾記念文庫）所蔵の初版本は、中央に「鉄腸著書之証」と刷られた山吹色の証紙で、そこに筆記体「H」（原田のHか）の朱印、中央に「末広」の円形陽刻朱印、そして割り印「検印」（円形陽刻朱印）が押捺されている（図5-3（e））。

再版・三版・四版では中央に「博文／堂蔵／版記」、それを囲むように「明治十六年十一月以後」「製本以此印紙為真版証」とある証紙になっている（図5-3（f））。東京大学明治文庫（吉野文庫）[注20]所蔵の再版本には、証紙に鉄腸の朱印はなく著者名下に捺されている。四版は、発兌人に大阪の書肆文海堂松村九兵衛が刊行に参加しているが[注21]、宮津市立図書館本には原田と松村の捺印があり証紙にも割り印があるのに対して、東京大学明治文庫（岡文庫）[注22]所蔵本には「出版人」項に原田の印はなく、証紙にも鉄腸の印しか見られない。岡文庫本は、製本押捺したものを松村が引き取って捺印後に売り捌いたもののようだ。稲岡勝「検印紙事始 ―証紙（印紙）のいろいろ―」が指摘するように、こうした細かな事情は「その証拠 ―例えば出版契約書など― が出現しない限り、断定は出来ない」[注23]ものではあるが、どこに誰の印が押捺されているか、刷版の違いによる証紙や印の違いなども含めて検討すべき情報がたくさん詰まっているのである。

なお、『現今の政事社会』についてもう一つ言い添えておきたい。宮津市立図書館本や明治文庫本の初版・再版・三版の本文3頁と54頁（白頁）のノド近くには、縦に糊痕が見られる。都立中央図書館所蔵の初版本、宮津市教育委員会（前尾記念文庫）所蔵の三版本には前小口に切開痕が見られる薄様紙が貼付されたまま残っており、売り出し時に本文を薄様紙で包んでいたことがうかがえる。初

注20　吉野文庫は、政治学者である吉野作造（1878〔明治11〕年～1933〔昭和8〕年）の旧蔵書。東京大学大学院法学政治学研究科附属近代日本法制史料センターの新聞雑誌部である明治新聞雑誌文庫（本章では「明治文庫」と略記）が所蔵する。

注21　『朝日新聞』広告欄では、『現今の政事社会』は松村が関与した四版分しか掲載されていない（1887〔明治20〕年10月23日付）。松村出資による広告であろう。

注22　岡文庫は、政治学者岡義武（1902〔明治35〕年～1990〔平成2〕年）の旧蔵書。「所蔵コレクション（明治新聞雑誌文庫）」（明治新聞雑誌文庫ウェブサイト）参照。http://www.meiji.j.u-tokyo.ac.jp/collection.html　2018年11月10日閲覧。

注23　『アステ』2-3（リョービ印刷機販売、1985年）p.24。稲岡勝「蔵版、偽版、板権 ―著作権前史の研究―」（『研究紀要』22、東京都立中央図書館、1992年）も参照。

■ 第5章 書物を誌す

開封と購入せずに読むことを防ぐ「封切り本」[注24]とおなじ原理であるが、『出版月評』4号（月評社、1887〔明治20〕年11月）掲載の書評で、

> 本書は既に公衆の前にて為したる演説の筆記なるに薄紙を以て本文の部分を封包したるは西洋手品の種子本とも云ふへき観ありて面白くなし（中略）店先にて素見されても尚ほ益あるへきに去りとハ不似合の手段なりと云ふへし（p.30）

と批判された方法でもあった。

2. 奥付のない書物

　奥付のない書物がある。それが欠損であれば同タイトルの書物、『読売新聞』（ヨミダス歴史館）、『朝日新聞』（聞蔵II）、国文学研究資料館の明治期出版広告データベースや近代書誌・近代画像データベースなどから調べていくことが可能である。けれども、もともと奥付のない書物、正規の手続きをとらず極秘裏に出版された書物はどうだろうか。そのばあい、責任の所在をバカ正直に奥付に載せることなどない。身元不明のまま流通して読者の手に渡るわけだが、物証をとおして身元を追跡する出版史研究者にとって、奥付という最初の手がかりがない身元不明の書物はあまり相性がよろしくない。

　1888（明治21）年7月、秘密出版に関する裁判がおこなわれている。裁判記事によれば、「谷干城・板垣退助・勝安房が内閣に差出したる意見書并原規と題したる一篇の公にせざる官の文書を印刷して広く同志に頒たん」ため、「星亨・寺田寛・石黒涵一郎」らが謀って「右四種の文書四千部を印刷製本」したという[注25]。このとき作製されたのは、表紙中央にそれぞれ「谷干城氏意見書」「板垣退助氏意見書」「勝安房氏口演覚書」「大日本憲法草案」と刷られた四六判仮綴じ共紙くるみ装の冊子で、いずれも東京大学明治文庫（吉野文庫・岡文庫）で確認できる。同記事によれば、これらは「明治廿年八月下旬」以降に「大坂府東区備後町五丁目活版職前田菊松に嘱して紙型舘版（ママ）」を使用して印刷作製されたようだが、これら四書に奥付はない。さらに言えば、これらを一書にまとめた

注24　『日本古典籍書誌学辞典』（岩波書店、1999年）p.490。
注25　1888年7月4日付『東京日日新聞』雑報。

書物も多種作られているのだが、当然ながらこちらにも奥付はなく、分冊刊行との前後関係もわからない[注26]。「秘密出版は幾処にも行れ、板垣の封事、谷及び勝の意見書、ボアソナードの建言書、憲法草案と題する文書、グナイストの講義筆記の類、瞬く間に排印して、所在に飛行し、何人も其一冊を有せざるなきの状態となり」[注27]云々という、その「幾処」の背景にアプローチできないのである。こうしたばあい、出版史的にどのようなアプローチがあるだろうか。

　一つには、書き入れが手がかりになることがある。横浜開港資料館（稲生文庫）所蔵[注28]『必禾録』（「秘録」と読むか）は「後藤象二郎意見書」「改正条約草案決議録」「井上毅ボアソナード対話筆記」「裁判所ノ条約草按ニ関スル意見」を収めたもので、後ろ表紙に「来廿二年一月宇都宮ニテ開／明治廿一年十月七日／関東大懇親会」の書き入れ（墨書）がある。ここでいう「関東大懇親会」とは千葉で開催された第二回関東八州大懇親会のことで[注29]、当日は来賓として後藤象二郎が出席していることから[注30]、この大懇親会にあわせて同書が作製されたものと思しい。ただ、こうした書き入れがどの書物にもあるとは限らないため、不安定な方法ではある。というより、そもそも秘密出版書に入手経路等の書き入れを期待してはいけない。

　そこで別のアプローチであるが、ここでは前節とおなじように折丁に注目してみたい。先ほどの『必禾録』は、

①後藤象二郎意見書（37字×17行）2頁掛け二台＋ペラ一枚（ウラ白）＝10頁
②改正条約草案決議録（37字×15行）2頁掛け三台＋ペラ一枚＝14頁
③井上毅ボアソナード対話筆記（37字×15行）2頁掛け二台＝8頁（ウラ白）
④裁判所ノ条約草按ニ関スル意見（37字×17行）2頁掛け五台＋4頁掛け一台＝28頁

注26　たとえば、明治文庫（吉野文庫）所蔵『名家意見書』は谷干城・板垣退助・林有造の意見書を、また東京大学経済学図書館所蔵『奏議』は板垣退助・林有造・ボアソナードの意見書をそれぞれ収める。行数や使用活字が異なるが、前後関係を確定するに至っていない。なお、『奏議』は近世・近代社会経済資料（準貴重図書・特別資料）デジタルアーカイブで閲覧可能である。
注27　『自由党史』下（岩波文庫、1992年）p.279。原本は板垣退助監修『自由党史』（1910年）。
注28　稲生文庫は、近代史学者稲生典太郎（1915〔大正4〕年〜2003〔平成15〕年）の旧蔵書。現在は横浜開港資料館が所蔵する。「〈7〉個人コレクション「稲生典太郎文庫」」（横浜開港資料館ウェブサイト）参照。http://www.kaikou.city.yokohama.jp/document/personal/inao.html　2018年11月10日閲覧。
注29　1888（明治21）年9月28日付『東京朝日新聞』雑報。
注30　『千葉県の歴史』通史編・近現代1（千葉県、2002年）pp.259–260。

の四つが合綴されている。行数の違いは、もとはそれぞれ個別配布されていたのを「関東大懇親会」の際に合冊製本したことを示していようか。

　ところで、明治文庫が所蔵する先ほどの意見書ら四点はいずれも一台片面2頁（両面4頁）の折丁で構成されていて、『谷干城氏意見書』『板垣退助意見書』『大日本憲法草案』が折丁六台24頁、『勝安房氏口演覚書』が折丁一台4頁になっている。ペラ丁は貼付されておらず、折丁内で完結するように計算して製版されたものと見てよいだろう。ペラ丁を糊付する手間を省き、折って裁断するだけにしたことで製本時間を短縮する。それは秘密出版ゆえの即製と、時間をおかずに方々への頒布を可能にするものである。同時にこれはまた、厚みの問題でもなかったか。

> 亨ハ又寛より其二千部を請取り、悉皆之を北陸地方、又ハ東京に於て同志者に頒布したり。涵一郎ハ其四百部を寛より請取り、悉皆之を岡山地方に於て同志者に頒布したり[注31]。

　郵送するにしても軽いし、別のものにまぎれこませやすい。直接手渡しするにしてもかさばらず、隠しやすい。実際、新潟の民権家のひとり西潟為蔵のもとには知人が東京から「ボアソナードノ意見書ヲ携帯シテ」来訪してもいるのだ[注32]。これら個別の冊子における薄さと軽さは、流通・受容の場やあり方と相関しているように思うのである。これに対して、谷・板垣・勝の意見書を収める『三氏意見書』（名古屋大学附属図書館所蔵）は一つの折丁のなかで別テクストが始まっており[注33]、これらは最初から書物として作製されたものといえるのである。

　折丁や版面の比較調査は、現場のおもわくや版の異同という出版史や書誌学の問題につながっていく。ここに写本や蒟蒻本の書誌調査や本文検討を加えていったとき[注34]、「幾処」への道は見えてくるだろう。むろん、奥付がなければわ

注31　前掲（注25）。

注32　金原左門・江村栄一「自由民権運動関係資料（七）民権運動家西潟為蔵ノ回顧録「雪月花」（中）」（『法学新法』73-4、中央大学法学会、1966年）p.88。

注33　8頁掛けが十五台と4頁掛けが一台。同志社大学図書館所蔵『谷干城氏意見書・板垣退助氏意見書・勝安房氏口演覚書』は後補表紙のため原題・原装は不明であるが、『三氏意見書』と同版。

注34　秘密出版者が「蒟蒻版にても墨筆にて謄写したる」ものでも流通していたことは、1887（明治20）年12月1日付『大阪朝日新聞』雑報記事を参照。写本に山梨県立博物館（太田家文書）所蔵『農商務省大臣陸軍中将子爵谷干城意見書』『農商務大臣谷干城意見書』、蒟蒻本に京都大学法学部図書室所蔵『グナイスト氏談話』がある。

第3節　その奥付は信頼できますか？

からないことは多いし、知りうることにも限界はある。しかし、それはアプローチがないことと同義ではない。当時の印刷機や紙型が残っていなくても、それらを用いて作られた書物が残っている以上、そこには必ずなんらかの痕跡があるのだ。そこを調査分析していくことで、生産・流通・受容それぞれの現場レベルにおいて対象書物や営為を考察することを可能にするのである。

123

■ 第5章 書物を誌す

第4節

その書物をどのように誌しますか？
―書物から始まる出版史研究―

1. 二次元から三次元へ

　国立国会図書館デジタルコレクションなど諸書物諸史料のデジタルアーカイブは、私たちの研究環境を大きく変えた。各機関の諸種書物画像に、時間や場所を問わずアクセスすることが可能になったのだ。けれども、それはあくまでも平面図だ。書物には厚みや重さがある。視覚や触覚による演出もなされている。便利さのうえに安住してはいけない。背題や、排架状態を推しはかる指標の一つでもある小口書きはその画像にあっただろうか。あるいはまた、マイクロフィルムを流用したモノクロ画像なども要注意だ。

　1921（大正10）年に吉野作造が「本郷のさる古本屋の店頭で『西哲夢物語』と題する桃色表紙仮綴の小冊子」[注35]を発見した。この『西哲夢物語』については本章2節、乱丁事例の一つとして触れているが、同書は1887（明治20）年10月に秘密出版されたものであった。1888年5月29日付『大阪朝日新聞』記事によれば、東京神田の小笠原活版所で印刷製本されたもののようだ[注36]。その表紙色から裁判でも「桃色紙事件」と呼ばれていたようで[注37]、確かに吉野旧蔵書（東京大学明治文庫）や宮津市教育委員会（前尾記念文庫）本は桃色薄手洋紙のくるみ装である。さて、この『西哲夢物語』は国会図書館デジタルコレクションでも公開されているが、モノクロ画像のため色まではわからない。けれども、原本について確認してみれば明らかなように、国会図書館本は水色薄手洋紙のくる

注35　吉野作造「古書珍重（1）日本憲法に貢献した外人」、1932（昭和7）年12月8日付『朝日新聞』。
注36　1888（明治21）年5月29日付『大阪朝日新聞』雑報。
注37　今中次麿「立憲運動の社会的勢力」（旧版『明治文化全集月報』10、1928〔昭和3〕年7月）など参照。

第4節　その書物をどのように誌しますか？

図5-4　『西哲夢物語』。左が宮津市教育委員会（前尾記念文庫）所蔵の桃色表紙、右が国立国会図書館所蔵（デジタルコレクション）の水色表紙。飾り枠の違いに注目されたい。

み装なのである[注38]。

　吉野旧蔵本には茨城県の古書肆山口真三郎の吉野宛書簡が挟まれていて、山口が所蔵する一書は「表紙薄青味を帯びた緑色紙装」であるという。さらに山口は『茨城人名辞書』（弘文社、1930年／1932年再版）「柴孫次郎」項の記述──「『西哲夢物語』と題する書籍を出版、之を同志に頒布する」云々──も紹介する。どうやら桃色表紙は東京で、水色表紙は茨城で作製されたもののようだ。この両書、図5-4のように表紙の飾り枠をはじめ、そこかしこに違いが確認できる。デジタル資料のおかげで以前よりも「見る」ことが楽にはなったが、デジタルゆえに「見る」ことのできる範囲も狭まっているのである。

　書物に触れることが、なぜ必要なのか。モノクロでもカラーでもデジタル画像ではわからないことがあるのは既述のとおりであるが、さらにそれを感触とともに把握できるからだ。そしてその感触は、他者、すなわち書物に関わったすべての人びとに対する私たちの想像力を喚起するからだ。なぜ『西哲夢物語』が茨城でも作製されたのか、他県ではどうなのか、人びとはこの書物になにを期待したのか。能うかぎり原物に触れてモノを実感すること。一冊の書物を、

注38　都立中央図書館が所蔵する一本も国会本とおなじく水色薄手洋紙である。

125

■ 第5章　書物を誌す

諸本諸版との関係のなかで捉えること。そのときの感触を、観察を、疑問を記述すること。デジタルの平面画像から書物を立体的に再構築しうる眼は、そうして養われていく。

2.　分析のための書誌記述

　書物を誌す、すなわち書誌をとるには採録項目やその意味を知らねばならない。そのためにはまず、国文学研究資料館の『近代文献調査マニュアル』[注39]などをとおして書誌項目を学ぶことだ。加えて、国文学研究資料館『日本古典籍調査要領』[注40]や堀川貴史『書誌学入門 —古典籍を見る・知る・読む—』（勉誠出版、2010年）などをとおして写本や板本の書誌も学んでおきたい。上記『近代文献調査マニュアル』は採録項目が細かく設定されている。初学者にとってはありがたい道しるべであり、その統一フォーマットをとおして多様な書物の形態をより少ない誤差のなかで共有・想起することができる。しかし、だからこそいちばん自由度の高い「補記」項目の充実をめざしたい[注41]。

　書誌記述は、議論のきっかけとなるものだ。たとえば『新編浮雲』第一編（金港堂、1887年）の組版について、高木元「『浮雲』書誌」は、

> 二葉亭四迷「浮雲はしがき」は東京国文社楷書四号活字、23字詰×9行、字間ベタ、総ルビ。春の屋主人「浮雲第一篇序」は弘道軒清朝四号と東京国文社五号仮名との組み合わせ、30字詰×11行、字間ベタ。目録・本文は東京国文社四号明朝活字、23字詰×11行、字間二分アキ、総ルビ。広告は東京国文社五号明朝活字、36字詰×23行、ベタ組み[注42]。

注39　最新版は2015年5月増訂版。https://www.nijl.ac.jp/activity/img/youryou_kindai.pdf　2018年11月10日閲覧。

注40　最新版は2018年5月版。https://www.nijl.ac.jp/activity/img/youryou_koten.pdf　2018年11月10日閲覧。

注41　2016年度日本出版学会秋季研究発表会ワークショップ「出版史史料と図書館資料をつなぐための方法論」（長尾宗典・磯部敦・鈴木広光）では、図書館や資料館における書誌項目の「「補記」とデジタル画像を併用し、「補記」には同定に必要な弁別特徴を簡潔に記し、詳細を画像データで確認する」など検索性とあわせて書誌項目の有用性も議論されている。引用は日本出版学会ウェブサイトによる。http://www.shuppan.jp/shukihappyo/958-201612.html　2018年11月10日閲覧。

注42　青葉ことばの会編『日本語研究法〔近代語編〕』（おうふう、2016年）所収。引用は、高木元ウェブサイト「ふみくら」掲載のものによる。https://fumikura.net/other/ukigumo.html　2018年11月10日閲覧。

と記述する。ここから私たちは、活字書体と格の相関という問題について話し合うことができるだろう。事実、東京稗史出版社や金港堂の組版に一定の傾向を指摘することが可能だ。さらにそこから、木版や石版印刷の序文の史的展開という問題を派生的に提示することも可能だ。

あるいはまた、硯友社『我楽多文庫』のいわゆる活版公売本の一号（1888〔明治21〕年5月）から九号（同年9月）までなら、補記欄に「折丁一台16頁」とでも記しておきたい。8頁掛けの折丁であるのみならず、それが一台のみで構成されているということは、雑誌の紙面構成、ひいてはテクストを規制する装置としての折丁という論点を提供することになるからだ。

いかにして書物を誌すべきか、あるいは、いかにして書物は誌しうるのか。書物の物的側面を出版史的に考察するとは、そうした問いと表裏にある。

かつて文化人類学者の齋藤晃は、論文「テクストに厚みを取り戻す」において、次のように問うた。

> テクストという言葉は、その語源であるテクセレが帯びていた厚みや手触りを、いつごろ失ったのだろうか。いやそもそも、今日のわれわれがテクストという言葉に結びつける観念、すなわち、実体的というより理念的な文字記号の連なりの観念は、いつごろ、いかにして成立したのだろうか[43]。

私たちは、この問いを真摯に、痛切に受けとめなければならない。書物には「厚み」があるというあたりまえの事実を忘れてはならないのである。

注43　齋藤晃「テクストに厚みを取り戻す」（齋藤晃編『テクストと人文学 ―知の土台を解剖する―』、人文書院、2009年）p.172。

■ 第5章　書物を誌す

参考文献案内

〈総合〉

＊浅岡邦雄『〈著者〉の出版史 ―権利と報酬をめぐる近代―』（森話社、2009年）

＊稲岡勝『明治期出版史上の金港堂 ―社史のない出版社「史」の試み―』（皓星社、2019年）

＊鈴木俊幸『書籍流通史料論 序説』（勉誠出版、2012年）

　◇三氏各一点ずつ挙げておいたが、明治前期の出版史を研究するならば、浅岡・稲岡・鈴木の論文はすべて読んでおきたい。

＊鈴木俊幸『増補改訂 近世書籍研究文献目録』（ぺりかん社、2007年）

＊鈴木俊幸『近世近代初期 書籍研究文献目録』（勉誠出版、2014年）

　◇鈴木の二書は机上に置いて、すぐに参看できるようにしておきたい。

〈近世板本〉

＊渡辺守邦『古活字版伝説』（日本書誌学大系54、青裳堂書店、1987年）

＊渡辺守邦『表紙裏の書誌学』（笠間書院、2012年）

　◇大学院生のときに読んだ『古活字版伝説』は衝撃的だった。和装本を見るときは見返しをのぞいてみたり、手持ちの安価な書物なら思い切って剥がしたりしてみよう。予約出版規約書や見積もり反古をはじめ、さまざまな断片があなたを待っている。

〈名寄せ〉

＊井上隆明『改訂増補 近世書林板元総覧』（日本書誌学大系76、青裳堂、1998年）

＊鈴木俊幸『近世日本における書籍・摺物の流通と享受についての研究 ―書籍流通末端業者の網羅的調査を中心に―』（1996～1998年度科学研究費補助金基盤C（2）、1999年）

＊磯部敦『明治前期の本屋覚書き 附.東京出版業者名寄せ』（金沢文圃閣、2012年）

　◇近代における地方流通は極めて手薄で、事例の収集と公開は喫緊の課題である。国文学研究資料館が作成・公開している「近代書物流通マップ（β版）」（https://the-artifacts.firebaseapp.com/）もあわせて参照されたい。

参考文献案内

〈活字・印刷〉

＊森啓『活版印刷技術調査報告書』（青梅市教育委員会、2002年）

＊『日本の近代活字 本木昌造とその周辺』（朗文堂、2003年）

＊岩切信一郎『明治版画史』（吉川弘文館、2009年）

＊鈴木広光『日本語活字印刷史』（名古屋大学出版会、2015年）

　◇活字や印刷関係の文献は多々あるが、ひとまずはこの四点を挙げておきたい。印刷機を入手、とは簡単にいかないので、印刷博物館（東京都文京区）はもちろん（展示図録は必見）、機会があれば印刷所の見学にも行っておきたい。

〈製本〉

＊木戸雄一「明治期「ボール表紙本」の製本」（『調査研究報告』21、国文学研究資料館、2000年）

＊木戸雄一「明治期「ボール表紙本」の誕生」（国文学研究資料館編『明治の出版文化』、臨川書店、2002年）

＊大貫伸樹『装丁探索』（平凡社、2003年）

＊大貫伸樹『製本探索』（印刷学会出版部、2005年）

　◇まずは上記四点を読んでおきたい。可能であれば、バラしても惜しくない安価な古書を手もとに置きながら読むことをおすすめする。

〈その他〉

＊青田寿美「近代文献調査における蔵書印情報覚書 附・蔵書印検索チャート」（立命館大学・国文学研究資料館「明治大正文化研究」プロジェクト編『国文学研究資料館研究成果報告書 近代文献調査研究論集』2、国文学研究資料館、2017年）

　◇蔵書印については青田の各論考のほか、国文学研究資料館ウェブサイトで公開されている「蔵書印データベース」もあわせて利用しよう。くずし字辞典や『五体字類』も忘れずに。

＊白戸満喜子『紙が語る幕末出版史 ―『開版指針』から解き明かす―』（文学通信、2018年）

＊宮川真弥「覆刻版における版面拡縮現象の具体相 ―匡郭間距離比較による版種弁別法確立のために―」（『斯道文庫論集』53、慶應義塾大学斯道文庫、2019年）

129

Column

背標・折記号 ―私の知らない丁合の世界―

　折丁を順番に並べる、つまり丁合をとるにあたっては、折記号や背標がその目印になる。では、それらはいつ頃からどのようにあらわれるのだろうか。

　矢野龍渓『経国美談』（報知新聞社、1884〔明治17〕年再版）は折丁ウラのノドに数字で示しているが（p.8）（図5-5（a）、架蔵）、すべての折丁にあるわけではない。『絵本徳川十五代記』（銀花堂、1887〔明治20〕年）のように折記号も背標も備わらない書物もあって、そのばあいはノンブルを目印に丁合をとっていたものと思われる。1887年刊『綱目代議政体』（岡島真七）のばあい、巻一の折丁上部の折り目に背標「○」、折丁オモテのノドに折記号「綱ろ」とあるようにタイトルの一部といろは順で丁合確認の目印を示している（p.9）（図5-5（b）・図5-5（c）、宮津市立図書館所蔵）。背標に段が付けられておらず、欠落によって折りミスを発見するためのようだ。ところが同書巻二では、折記号のしくみは変わらないが、背標が「■」になる（pp.48–49）（図5-5（d）、宮津市立図書館所蔵）。背標記号の違いは、植字に複数の職工が携わっていたことを示しているのだろうか。また、これらの有無は折丁の厚さとも関係しようが、その一手間が書物のジャンル意識等とも関係してくるのだろうか。まだまだ事例収集が必要な段階であるが、あたりまえの成立史をファクトベースで追いかけている一例として挙げておく。

　如上、出版史研究の課題は山積みである。気になる山があれば、ぜひ登られたし。ただし、ほぼ未舗装路、けもの道多数。ケガと迷子にご用心。

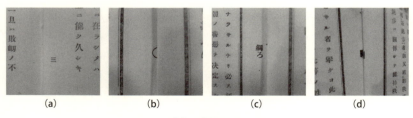

図5-5　背標・折記号のいろいろ

討議のあゆみ

討議のあゆみ
本書の成立まで

「出版史研究の面白さ、楽しさ」を感じていただけただろうか？

「はじめに」にも書いたように、本書は「出版史研究の手法を討議する」という関西部会の企画がベースとなっている。研究方法に興味を持たれた方は、日本出版学会ホームページで公開されている「関西部会・臨時増刊」をはじめとする、討議の各記録も読んでいただければ幸いである。

討議は、情報共有だけでなく、論を整理し深めるのに、欠かせない手法だ。討議の場として出版学会、その結晶として出版物がある。本書とこの記録が、読者のみなさんの研究・調査に役立つことを願っている。

（中村　健）

〈関西部会企画　「出版史研究の手法を討議する」のあゆみ〉

	開催日	内　容
1	2014.3.12	戦前の週刊誌の連載小説の変遷を探る（中村健）
2	2014.7.17	1970年代の雑誌『明星』とその読者の考察から雑誌分析の方法を考える（田島悠来）
3	2014.10.29	文化・社会研究としての出版研究を目指して（中川裕美）
4	2015.2.11	文学研究と出版・検閲研究の接続点（牧義之）
5	2015.5.16 （ワークショップ）	出版史研究の手法を討議する（田島悠来・中川裕美・牧義之）
6	2015.9.19	明治期の出版研究 　1．近世書林と出版社の接続点（樋口摩彌） 　2．明治期の出版（社）史料について（磯部敦）
7	2015.12.5 （シンポジウム）	出版のパラダイム転換と歴史へのまなざし —出版研究の新たな展開に向けて（柴野京子・磯部敦）
8	2016.3.12	ライトノベルへのアプローチ（山中智省）
9	2016.7.30	出版研究とライフヒストリー研究 —大宅壮一をめぐって（阪本博志）
10	2016.12.3 （ワークショップ）	出版史史料と図書館資料をつなぐための方法論（長尾宗典・磯部敦・鈴木広光）

日本出版学会において出版史研究をテーマとした活動は活発で、出版史研究部会の例会のほか、下記のようなシンポジウムやワークショップが開催されている。

◇「出版史料のデータベース／アーカイブを考える」（2016.5.14）

◇「出版創業・独立史データベース（仮）の共同製作に向けての共同製作に向けて」（2017.5.13）

◇「出版史研究の史料とその方法」（2017.12.2）

これらの記録は日本出版学会ホームページ（http://www.shuppan.jp/）や『日本出版学会会報』で読むことができる。併せて参照されたい。

131

索　引

〈ア行〉

アイドル的なものの見方
　………… 51, 52, 53, 54
秋元文庫………………… 64
朝の読書………………… 62
アンカット…………… 115

●

一話読切型……………… 23
井上靖…………………… 22
インターネット
　……… 35, 86, 87, 103, 104
インタビュー調査……… 83

●

エコノミスト…………… 12

●

奥付………………… 117, 120
オーラル・ヒストリー
　………………… 46, 47, 77
折丁………… 113, 114, 115

〈カ行〉

海音寺潮五郎…………… 22
書き入れ……………… 121
カクヨム………………… 58
活字離れ…………… 60, 62
角川スニーカー文庫… 58, 69
刊行頻度………………… 10

●

開蔵II（朝日新聞）… 18, 120
近代書誌・近代画像データベー
　ス……………………… 120
近代文献調査マニュアル
　………………………… 126

●

言説分析
　……… 42, 43, 44, 45, 46, 48

●

広告……………………… 17
国立国会図書館デジタルコレ
　クション…………… 17, 124
誤植…………………… 110
コバルト文庫…………… 70
コミックマーケット
　………………… 88, 89, 104
コンテクスト
　……… 45, 46, 50, 54, 73

〈サ行〉

挿絵……………………… 14
ザ・スニーカー………… 75
サブカルチャー……… 73, 74
サンデー毎日……………11

●

紙型…………………… 113

集英社スーパーダッシュ文庫…59
週刊朝日…………………11
週刊誌の歴史…………… 32
出版学…………………… 28
出版指標年報
　……… 34, 36, 37, 50, 52
出版不況……… 34, 36, 37, 60
証紙…………………… 119
小説家になろう………… 58
小説投稿サイト………… 58
所蔵情報………………… 17
白井喬二………………… 22

●

図像分析………………… 27

●

創刊情報………………… 10
創刊月…………………… 10
蔵書目録………………… 17
ソノラマ文庫………… 64, 70

〈タ行〉

大衆文芸………………… 22
タブロイド判……………11

●

地袋………………… 113, 114
丁合…………………… 130

●

索引

テクスト ……… 43, 44, 45, 46,
　47, 48, 50, 54
電撃 hp ……………………… 75
電撃文庫 ……… 58, 59, 69, 75
電撃文庫 MAGAZINE … 75
天袋 ………………… 114, 115
　　　　　　●
読者投稿欄 ………………… 82
読書状況 …………………… 62
読書世論調査
　……………… 35, 36, 53, 62
ドラゴンマガジン… 70, 75, 76

〈ナ行〉
内容分析 ………… 42, 43, 44
　　　　　　●
日本古典籍要領 ………… 126
日本の古本屋 …………… 18

〈ハ行〉
判型 ………………………… 10
表紙…17, 36, 37, 39, 41, 42, 50,
　51, 53
　　　　　　●
ファミ通文庫 ……………… 69
ファンタジア長編小説大賞…76
フィールド調査 …………… 83
富士見ファンタジア文庫
　……………………… 58, 69, 76

ブックマーク機能 ……… 87
ブログサービス ………… 87
文庫市場………… 57, 59, 60
　　　　　　●
編集者………… 28, 42, 45, 90
　　　　　　●
補記 ……………………… 126
ホームページ ……… 87, 106

〈マ行〉
毎索（毎日新聞） ………… 18
マシュマロ …………… 98, 99
　　　　　　●
明治期出版広告データベース
　………………………… 120
メディアミックス
　……………… 58, 67, 68, 74, 75
　　　　　　●
目次情報 ………………… 18

〈ヤ行〉
ヤフオク ………………… 18
　　　　　　●
ヨミダス歴史館（読売新聞）
　………………………… 18, 120

〈ラ行〉
ライトノベルの定義
　……………… 58, 65, 66, 70

ライトノベル雑誌
　……………… 70, 74, 75, 76, 77
ライフストーリー ……… 47
ライフ・ヒストリー … 46, 47
乱丁 ……………………… 113
　　　　　　●
量的分析 ……………… 24, 44
　　　　　　●
レファレンスカウンター … 17

〈英数字〉
2次元 ……………………… 49
BL（ボーイズラブ） …… 84, 85,
　86, 89, 90, 93, 94, 95, 102
BOOTH（ブース） …… 91, 92
CiNii Books …………… 17
DM（ダイレクトメッセージ）
　………………………… 99
OPAC …………………… 17
pixiv（ピクシブ）
　……… 86, 87, 88, 89, 91, 98
SNS（ソーシャル・ネットワーキング・サービス）
　……… 84, 86, 87, 93, 104
TL（タイムライン） ……… 98
TL（ティーンズラブ）
　………………………… 84, 102
Twitter
　…… 86, 88, 98, 99, 101, 102

133

執筆者紹介

中村　健（なかむら・たけし）
大阪市立大学学術情報総合センター。同志社大学文学部文化学科文化史学専攻卒業。論文「白井喬二「新撰組」と『サンデー毎日』の関係性の検証と意義 ―戦前週刊誌の巻頭に関する一考察―」（『出版研究』42、2011 年）、「大衆文学のトップランナー ―大阪系新聞社に見る大佛次郎―」（『おさらぎ選書』20、2012 年）など。

田島　悠来（たじま・ゆうき）
帝京大学文学部社会学科。同志社大学大学院社会学研究科メディア学専攻博士後期課程修了。博士（メディア学）。単著『「アイドル」のメディア史 ―『明星』とヤングの 70 年代』（森話社、2017 年）、分担執筆として、Beniwal, Anju, Jain, Rashmi, Spracklen, Karl（Eds.）, Global Leisure and the Struggle for a Better World（palgrave macmillan、2018 年）、岡本健・松井広志編『ポスト情報メディア論』（ナカニシヤ出版、2018 年）など。

山中　智省（やまなか・ともみ）
目白大学人間学部子ども学科。横浜国立大学大学院教育学研究科言語文化系教育専攻修士課程修了。単著に『ライトノベルよ、どこへいく ―一九八〇年代からゼロ年代まで―』（青弓社、2010 年）、『ライトノベル史入門『ドラゴンマガジン』創刊物語 ―狼煙を上げた先駆者たち―』（勉誠出版、2018 年）、編著に『ライトノベル・フロントライン 1 ～ 3』（青弓社、2015 ～ 16 年）など。

中川　裕美（なかがわ・ひろみ）
岐阜聖徳学園大学非常勤講師など。名古屋大学大学院文学研究科博士課程満期退学。博士（文学）。単著に『少女雑誌に見る「少女」像の変遷』（出版メディアパル、2013 年）、『『少年少女譚海』目次・解題・索引』（金沢文圃閣、2010 年）など。論文に「戦時下における年少者の身体表現 ―『少年倶楽部』と『少女倶楽部』の表紙絵を通して―」（『大正イマジュリィ』13、2018 年）、など。個人ホームページ：http://azure.x0.com/。

磯部　敦（いそべ・あつし）
奈良女子大学研究院人文科学系。中央大学大学院文学研究科博士後期課程満期退学。博士（文学）。単著に『出版文化の明治前期 ―東京稗史出版社とその周辺―』（ぺりかん社、2012 年）、『明治前期の本屋覚書き 附 . 東京出版業者名寄せ』（金沢文圃閣、2012 年）、共著に『円朝全集』別巻 2（岩波書店、2016 年）など。

◎ 編者紹介

日本出版学会関西部会

関西在住の日本出版学会員によって構成された地域部会。「出版」に関わるあらゆる事象が討議テーマとなるが、近年は、出版史、電子出版、電子図書館に関する報告が増えている。

1997 年 1 月に第 1 回部会をスタートさせ、年に数回の部会を開催、2018 年末で 105 回に至る。

出版史研究へのアプローチ ―雑誌・書物・新聞をめぐる 5 章

© 2019　日本出版学会関西部会

2019 年 5 月 15 日　　第 1 版　　第 1 刷発行

編　者：日本出版学会関西部会

発行所：出版メディアパル　　　　　住所：〒 272-0812　市川市若宮 1-1-1

Tel&Fax：047-334-7094

e-mail：shimo@murapal.com　　　URL：http://www.murapal.com/

カバーデザイン：荒瀬光治　編集：出版メディアパル　組版・校正協力：蝉工房

カバーイラスト：毬月絵美　CTP 印刷・製本：平河工業社

ISBN　978-4-902251-36-4　　Printed in Japan

●本の未来を考える=出版メディアパル No.25
本づくりこれだけは〈改訂4版〉——失敗しないための編集術
下村昭夫 著　　　　　　　　定価(本体価格 1,200円+税)　A5判　104頁

●本の未来を考える=出版メディアパル No.32
校正のレッスン〈改訂3版〉——活字との対話のために
大西寿男 著　　　　　　　　定価(本体価格 1,600円+税)　A5判　160頁

●本の未来を考える=出版メディアパル No.29
編集デザイン入門〈改訂2版〉——編集者・デザイナーのための視覚表現法
荒瀬光治 著　　　　　　　　定価(本体価格 2,000円+税)　A5判　144頁

●本の未来を考える=出版メディアパル No.23
電子出版学入門〈改訂3版〉
湯浅俊彦 著　　　　　　　　定価(本体価格 1,500円+税)　A5判　144頁

●本の未来を考える=出版メディアパル No.22
文庫はなぜ読まれるのか
岩野裕一 著　　　　　　　　定価(本体価格 1,800円+税)　A5判　160頁

●本の未来を考える=出版メディアパル No.24
少女雑誌に見る「少女」像の変遷
中川裕美 著　　　　　　　　定価(本体価格 2,400円+税)　A5判　224頁

●本の未来を考える=出版メディアパル No.6
発禁・わいせつ・知る権利と規制の変遷——出版年表
橋本健午 著　　　　　　　　定価(本体価格 1,500円+税)　A5判　148頁

●本の未来を考える=出版メディアパル No.35
著作権法入門早わかり——クリエイターのための知的創造物法活用術
佐藤薫 著　　　　　　　　　定価(本体価格 2,400円+税)　A5判　296頁

 出版メディアパル　担当者 下村 昭夫
〒272-0812　千葉県市川市若宮1-1-1　電話&FAX：047-334-7094